U0750111

新编大宗商品电子商务理论与实践

主　编　徐默荏

副主编　徐妙君

浙江工商大学出版社
ZHEJIANG GONGSHANG UNIVERSITY PRESS
·杭州·

图书在版编目（CIP）数据

新编大宗商品电子商务理论与实践 / 徐默莅主编；
徐妙君副主编. — 杭州：浙江工商大学出版社，2023.6
ISBN 978-7-5178-5423-4

Ⅰ．①新… Ⅱ．①徐… ②徐… Ⅲ．①商品市场—电
子商务—研究 Ⅳ．①F713.58

中国国家版本馆 CIP 数据核字（2023）第 059208 号

新编大宗商品电子商务理论与实践
XINBIAN DAZONG SHANGPIN DIANZI SHANGWU LILUN YU SHIJIAN

主　　编　徐默莅
副主编　徐妙君

责任编辑	沈敏丽
责任校对	金芳萍
封面设计	朱嘉怡
责任印制	包建辉
出版发行	浙江工商大学出版社
	（杭州市教工路 198 号　邮政编码 310012）
	（E-mail:zjgsupress@163.com）
	（网址:http://www.zjgsupress.com）
	电话:0571 - 88904980,88831806（传真）
排　　版	杭州朝曦图文设计有限公司
印　　刷	杭州高腾印务有限公司
开　　本	787 mm×1092 mm　1/16
印　　张	7.75
字　　数	126 千
版 印 次	2023 年 6 月第 1 版　2023 年 6 月第 1 次印刷
书　　号	ISBN 978-7-5178-5423-4
定　　价	40.00 元

前　言

党的二十大报告提出，"建设现代化产业体系。坚持把发展经济的着力点放在实体经济上，推进新型工业化"，为进一步发展大宗商品行业、助力实体经济发展指明了前进方向。当今世界正经历百年未有之大变局，全球大宗商品价格波动剧烈，我国的能源、资源安全和产业链稳定面临更大挑战。因此，在党的二十大精神的指导下，行业企业要切实服务实体经济和提高"中国价格"影响力，着力提升产业链供应链的韧性和安全水平，分析研究我国大宗商品行业发展对策，这具有十分重要的现实意义。

高质量发展是全面建设社会主义现代化国家的首要任务。二十大报告指出：要坚持以推动高质量发展为主题，加快建设现代化经济体系，着力提高全要素生产率，着力提升产业链供应链韧性和安全水平；要建设现代化产业体系，坚持把发展经济的着力点放在实体经济上，推进新型工业化，加快建设制造强国、质量强国、航天强国、交通强国、网络强国、数字中国。大宗商品交易市场要将基本职能与二十大具体战略部署紧密结合，以实际行动贯彻落实二十大精神，为建设现代化产业体系贡献力量。目前，大宗商品场外衍生品、基差贸易、含权贸易等已在行业内实现了广泛应用，业务规模也在逐年扩大。大宗商品现货、期货交易公司可以充分发挥专业优势，灵活运用各类交易工具，有力地服务中小微企业发展。

为护航实体经济高质量发展，大宗商品交易行业的工作重点可以围绕以下几点展开：一是围绕服务实体经济，在全面管理风险方面"挑大梁"，为实体企业提供一体化风险管理服务。二是在服务乡村振兴方面持续发挥积极作用。大宗商品期货经营机构可充分利用组合式衍生工具精准对接需求，提升服务"三农"水平，为全面推进乡村振兴发挥作用。三是助力维护国家安全。大宗商品期货交易所可联合期货经营机构，通过建立健全覆盖生产、流通、储备、贸易的全产业链服务，提高包括个体农户在内的全产业链避险能力。四是在高水平对外开放上做好试点。充分发挥期货市场的国际化优势,对接国际资源,为提高我国大宗商品的国际话语权做出贡献。五是积极防范金融风险。以《中华人民共和国期货和衍生品法》正式施行为契机,着力防范化解系统性风险,保障市场稳健运行。

编　者

2023 年 4 月

CONTENTS 目　录

第一篇 大宗商品理论知识

第一章　大宗商品分类

第一节　概述

大宗商品是指具有实体,可进入流通领域,但并非在零售环节进行销售,具有商品属性,用于工农业生产与消费的大批量买卖的物质商品。在金融投资市场,大宗商品是指同质化、可交易、被广泛作为工业基础原材料的商品,如原油、有色金属、钢铁、农产品、铁矿石、煤炭等。大宗商品按商品属性可以分为 3 个类别,即能源商品、基础原材料和农副产品,见表 1-1。

大宗商品电子商务概念

表 1-1　大宗商品分类

商品属性	主要商品
能源商品	煤炭、石油、天然气等
基础原材料	钢铁、水泥、塑料、玻璃、有色金属等
农副产品	玉米、大豆、稻谷、小麦、棉花等

第二节　钢铁

一、行业背景

钢铁行业是以从事黑色金属矿物采选和黑色金属冶炼加工等工业生产活动

为主的工业行业,包括金属铁、铬、锰的矿物采选业、炼铁业、炼钢业、钢材加工业、铁合金冶炼业、钢丝及其制品业等细分行业,是国家重要的原材料工业之一。钢铁行业在经济建设、社会发展、财政税收、国防建设及稳定就业等方面发挥着重要作用,为保障国民经济又好又快发展做出了重要贡献。但是,钢铁行业长期粗放式发展所积累的矛盾也日益突出,如高端产品不足、产能过剩、产业集中度过低、区域分布不合理、环保问题等,这些问题制约了我国钢铁行业的发展。钢铁企业必须结合自身特点,探求解决问题的途径,助力我国的钢铁行业不断做大做强。

(一)我国钢铁行业存在的问题

1. 资源、环境的制约

我国钢铁行业对外依存度高达 80%,过高的对外依存度制约了我国钢铁行业的竞争力,同时也威胁着国家经济安全。通过有效的技术手段提高自有矿产资源的开采效率和利用率,是我国钢铁行业良性、安全发展的基本保证。另外,钢铁行业能源消耗占全国总能耗的 1/8 左右,污染物排放占全国的 1/6 左右,巨大的排放总量加重了环境的负荷。随着与环境保护相关的法律法规的公布和新的排放标准的实施,钢铁企业将普遍面临环保不达标的压力,而化解这些压力的根本出路是通过技术创新和节能环保技术应用来减少企业的排放量。

2. 制造流程效率和能效水平低

我国钢铁生产单体工序能效和整体流程效率偏低,虽然在某几项单体工序上指标也能达到国际水平,但单体新技术和新装备基本都依靠引进,或者是引进后再逐渐国产化,缺乏具有原创性和前沿性的技术,很难进一步提升能效,更谈不上整个制造流程上的革新。加强先进制造流程技术研究,利用现代化信息技术与智能化技术进一步完善现有流程界面技术,是实现钢铁流程高效率的重要支撑。

3. 市场同质化竞争加剧,以创新为主导的差异化不明显

近几年来,产品定位的同质化加剧了市场的同质化竞争。在这种情况下,多数企业开始考虑推行差异化发展策略。差异化的形成依赖于企业的自主创新能力和生产制造能力,包括新产品、新材料的开发和持续革新能力,这就要求企业不仅要有捕捉市场需求包括未来需求,并将需求快速转化为能够满足应用的产品的能力,更要求企业有创造需求、建立新的产品消费市场的能力。围绕国民经济发展需要,满足相关产业不断提升的需求是钢铁企业的责任。

4.产品质量稳定性和一致性较差

目前,我国一些高端钢材产品的最好指标已能达到国际先进水平,但就产品质量的稳定性来看,不同批次质量波动较大。提高产品质量的稳定性,一方面要强化生产流程的稳定性和生产系统的匹配性,另一方面要加强产品制造过程的质量控制,实现产品微观组织的在线闭环控制。另外,加大产品质量在线检测技术的开发与应用也是实现产品质量一致性的关键。同时,加快新工艺的开发,实现工艺对质量的保证,可以从根本上解决产品质量的稳定性问题。

(二)我国钢铁企业未来的发展

1.整合重组提高企业集中度,形成具有国际竞争力的世界级钢铁集团企业

国外钢铁产业集中度很高,在钢铁生产技术和高端钢材制造方面处于有利地位,其赢利能力高于国内钢铁企业,因此,提高产业集中度势在必行,先做大再做强是钢铁产业发展的必由之路。提高产业集中度的有效途径是大力推进产业中优势企业的横向整合重组。通过整合充分利用现有设备,避免重复建设,提高投入产出比,即用最低的资源投入,产出最合理的产品,并提高产品档次,以占领高端产品市场。

2.淘汰小型钢铁生产企业,并购大型企业,建立钢铁基地

这对我国钢铁行业实现规模经济,提高劳动生产率和经济效益,加快技术进步有重要意义。当下,我们有必要通过兼并收购,实现跨地区、跨所有制结构的资产重组,打造世界一流的钢铁企业。

3.推进企业制度改革

要推进钢铁企业的制度改革,使其真正实现自主经营、自负盈亏。大型企业需要借鉴发达国家的经验,以现代企业制度武装自己。

(三)钢材品种发展方向

我国钢材品种的发展趋势是:高端钢材品种要满足节能环保、生物医药、高端装备制造、新能源等新兴战略性产业提出的新颖的、更高的要求;中端钢材品种要满足建筑、造船、压力容器、机械制造等传统产业升级的要求,相关钢铁生产企业要引导用户使用强度更高、寿命更长、综合性能更好的绿色钢材;淘汰落后的低端钢材品种。总体来看,钢材品种结构优化方向主要有以下几方面。

1. 建筑桥梁用钢

重点发展 600MPa 及以上级别的螺纹钢、抗震钢、耐低温钢、硬线钢，以及在钢结构中高强度抗震、耐火、耐候钢板和 H 型钢；研发系列具有屈服强度 500～1000MPa，屈强比低于 0.85，屈服强度高于室温强度指标的 2/3，弹性模量高于室温指标 75% 以上等性能的新一代功能复合型建筑用钢；涂镀层板将向资源节约、环境友好产品方向发展；发展 Q500、Q550 甚至更高强度级别的桥梁用钢，保证其屈强比在 0.85 以下，同时具有良好的焊接性能、耐候性能、抗疲劳性能。

2. 能源用钢

重点发展高钢级 X90、X100 及以上级别和特厚规格 X80 管线钢，耐 CO_2/H_2S 腐蚀管线钢、耐磨耐蚀管线钢，高强度级别耐 H_2S 应力腐蚀油井管、经济型耐 CO_2/H_2S/Cl^- 腐蚀油井管、供东海和南海安全服役的耐腐蚀油井管。开发在特殊环境（地震带、海底、低温液化天然气通过、低温裸露等）下使用的高强度管线钢。还要进行韧性好、耐高温的救生舱专用高强度钢板、700℃超临界电子汽轮机用耐热合金的研发和关键部件研制，发展核电机组用高性能不锈钢、合金钢管，低铁损、高磁感硅钢，锅炉容器用钢，以及特厚临氢设备用钢，并进行相应焊接技术研究。

3. 船舶及海洋工程用钢

重点发展 690MPa 及以上级别的高强韧性船舶及海工用钢，100mm 及以上大厚度高强韧性海工用钢、高耐蚀钢、低温（-60℃甚至-80℃）韧性优异的超低温海工用钢、大型液化天然气运输船用低温压力容器板、海工用超级奥氏体不锈钢、海工用镍基-铁镍基耐蚀合金、海工用特种高强度不锈钢材料。

4. 汽车与轨道交通用钢

重点发展第三代汽车用钢，如深冲双相钢（DQ-DF 钢）、超细晶相变诱导塑性钢（FG-TRIP 钢）、淬火-配分钢（Q&P 钢）、相变/孪晶诱导塑性钢（TRIP/TWIP 钢）、700MPa 及以上级别的汽车大梁板、780～1500MPa 高强度汽车板、汽车排气系统用钢、汽车用微合金非调质钢、长寿命高性能弹簧钢、高铁车轮用钢、高铁车轴用钢、高铁轴承用钢、轨道用钢等。

5. 关键特殊钢

重点发展高品质高碳铬轴承钢和渗碳轴承钢、航空发动机用轴承钢、高性能齿轮钢、低成本超纯铁素体不锈钢、高氮奥氏体不锈钢、高性能工模具钢、高性能钢丝（切割钢丝、帘线钢丝、绞线钢丝、弹簧钢丝）、精密机床用高性能丝杠与导轨用钢、军用特殊钢、环保设备用高性能耐蚀钢。

二、基础知识

(一)钢材流通环节各相关单位

1. 钢厂

钢厂是钢材的生产单位。

(1)钢铁厂，指有高炉炼铁、转炉炼钢、轧机轧制钢材全部流程的钢铁生产企业，此类钢厂一般称为大钢厂或大厂。

(2)轧钢厂，指只有轧机轧制钢材这一流程的钢材生产企业，一般也称为调坯轧材企业，多生产高线、螺纹钢、带钢、型钢、中板等品种。此类钢厂一般称为小厂。

(3)铁厂，指只有高炉炼铁一个流程的生铁生产企业。

备注：根据所生产钢材的品质，钢厂分为一线钢厂、二线钢厂、三线钢厂，甚至四线钢厂。

2. 经销商

经销商是指以买卖钢材产品为主要业务的企业，可分为一级经销商、中间商等。

(1)一级经销商，又叫代理商，俗称"钢厂协议户"，是指与钢厂签订了长期的购销协议，每月固定从钢厂购买大量钢材进行销售的钢材销售企业。

(2)中间商，或称为二级代理商，俗称"搬砖头的商家"，是指不直接从钢厂进货，而从钢厂协议户或其他中间商手中购买钢材再进行销售的企业。

3. 终端用户

终端用户是指钢材产品的直接消费企业，包括各种建筑工地、机械制造厂、家电生产厂等。

(二)价格相关术语

(1)过磅价，是指在钢材买卖过程中，钢材计算重量方法为用地磅等计量工具直接测钢材的实际重量，以实际重量计重销售钢材的价格。过磅价也被称为检斤价。

（2）检尺价，是指在钢材买卖过程中，钢材计算重量方法为理论计重，以理论重量计重销售钢材的价格。检尺价也被称为理计价或者理重价。

理论计重即按照钢材的理论重量计重。各种类别、材质、规格的钢材，国家均有生产标准，各钢厂按照国家标准生产各种钢材，但国家标准并不是一个固定的值，允许有一定的上偏差（上差），或者下偏差（下差，也叫负差），各钢厂生产的钢材上差或者下差不同，导致钢材的理论重量与实际重量有偏差。绝大多数钢厂生产的钢材均有下差，大多数品种的钢材理论重量是 1 吨而实际重量不足 1 吨，因此检尺价要高于过磅价。下差或负差是理论重量为 1 吨的钢材的实际重量与理论重量之间的差。下差＝[（钢材理论重量－钢材实际重量）÷钢材理论重量]×100%。举例：某厂生产 Φ25mm 螺纹钢，理论重量是 1 吨，即 1000 千克，实际过磅重量为 0.95 吨，即 950 千克，则该厂家生产 Φ25mm 螺纹钢的下差＝[（钢材理论重量－钢材实际重量）÷钢材理论重量]×100%＝[（1000－950）÷1000]×100%＝5%，即有 5 个下差，或者直接说该厂家所生产的 Φ25mm 螺纹钢有 50 千克下差。螺纹钢、焊管、无缝管、型材、棒材等产品以理论重量计重的现象较多。

（3）承兑价，是指在钢材买卖过程中，买家在购买钢材时，不支付给卖家现款，而以承兑汇票的形式付款的价格。由于卖家在将承兑汇票进行折现时存在利息支出，因此承兑价格一般比现款价格高；高的幅度随着银行承兑贴息率的变化而变化，也根据承兑时长的不同而不同（一般分为一个月承兑、三个月承兑和六个月承兑）。

（4）自提价，是指在钢材买卖过程中，买家雇运输车辆到卖家仓库中自己提货的价格。

（5）钢厂直发价，是指钢厂协议户没有现货资源，为买家直接从钢厂订货，送到买家指定地点的价格。

（6）预付款，是指钢材贸易企业给钢厂或大型贸易商提前汇的款项，之后会再根据需求购买相应钢材；以预付款的形式购买钢材一般要比以现款购买钢材每吨优惠几十元。

（7）批量优惠，是指当买家大量购买某种钢材时，卖家可能会根据买家的订货量给予其每吨几十元的优惠。

（8）挂牌价，是指钢厂或者贸易商在销售某种钢材时对外公开的价格，但实际销售过程中可能会有不同程度的优惠。部分钢厂在销售时采取本月底制订下月钢材销售挂牌价格,下月根据挂牌价格订货、收款,再在下月月底制订当月各种钢材实际结算价格的模式。

(9)结算价,是指钢材贸易商每月进货的实际成本价。

(10)市场价,是指各地钢材市场各种钢材销售的成交价格。

(11)工地价,也叫工地采购指导价。工地价是在市场价的基础上加出库费、短途运费、短期资金占用费后形成的。

(三)费用相关术语

(1)出库费,是指买家在购买钢材时,去仓库提取货物,需要向仓库管理单位缴纳的相关费用,包括吊装费和仓储费。

(2)短途运费,是指供货商在给建筑工地配送钢材时,在当地城市、50千米范围内的运费支出。

(3)短期资金占用费。由于供货商给建筑工地配送钢材后,工地一般会在一段时间后向供货商支付款项,常见时长为一周至两周。短期资金占用费即为这一周至两周时间内这批货物的货款所产生的利息。

(4)运输补贴。大部分钢厂对各地钢材协议户采用同一价格政策,但由于钢厂与各地贸易商之间存在距离,钢材运输需要相关费用,为使各地贸易商拿同一钢厂的资源价格基本相当,钢厂会根据运输距离,针对不同地区,对每吨钢材给予不同的运输补贴。

(5)调直费。在部分工程的建设过程中需要将高线、盘螺加工成固定长度的直条产品,需要特殊的机器将高线、盘螺拉直,再剪切,这期间涉及的费用叫调直费。

(四)与经销商操作相关的术语

(1)封库。当价格出现较为明显的上涨走势时,由于销售情况较好,商家为了能使手中货物卖出更高的价格,在达到一定销售量后,会采取停止销售的操作手法,俗称封库。

(2)限量销售。当价格出现较为明显的上涨走势时,为控制自身库存量快速下降,对一些市场上比较紧缺的商品,商家可能采取限量销售的操作手法,即事先规定某一买家每天最多能购买同一规格产品的量,或者事先规定某一买家每天最多能购买某类商品的总量。

（3）甩货，也叫跑货或者抛货，即在价格出现明显下降趋势时，有货的商家以低于其他商家的价格进行销售的行为。

三、产品介绍

（一）钢材分类

钢是含碳量在 $0.04\%\sim2.30\%$ 的铁碳合金。为了保证韧性和可塑性，钢材含碳量一般不超过 1.70%。钢的主要元素除铁、碳外，还有硅、锰、硫、磷等。钢的分类方法多种多样，其主要方法有七种。

1. 按品质分类

（1）普通钢（ $P\leqslant0.045\%$, $S\leqslant0.050\%$ ）；

（2）优质钢（ $P\leqslant0.035\%$, $S\leqslant0.035\%$ ）；

（3）高级优质钢（ $P\leqslant0.035\%$, $S\leqslant0.030\%$ ）。

注：这里的 P 指含磷量，S 指含硫量。

2. 按化学成分分类

（1）碳素钢：①低碳钢（ $C\leqslant0.25\%$ ）；②中碳钢（ $0.25\%<C<0.60\%$ ）；③高碳钢（ $C\geqslant0.60\%$ ）。

（2）合金钢：①低合金钢（合金元素总含量 $<5\%$ ）；②中合金钢（合金元素总含量为 $5\%\sim10\%$ ，含 5% 和 10% ）；③高合金钢（合金元素总含量 $>10\%$ ）。

3. 按成形方法分类

（1）锻钢；

（2）铸钢；

（3）热轧钢；

（4）冷拉钢。

4. 按金相组织分类

（1）退火状态的：①亚共析钢（铁素体＋珠光体）；②共析钢（珠光体）；③过共析钢（珠光体＋渗碳体）；④莱氏体钢（珠光体＋渗碳体）。

（2）正火状态的：①珠光体钢；②贝氏体钢；③马氏体钢；④奥氏体钢。

（3）无相变或部分发生相变的。

5．按用途分类

（1）建筑及工程用钢：①普通碳素结构钢；②低合金结构钢；③钢筋钢。

（2）结构钢包括机械制造用钢、弹簧钢和轴承钢。其中，机械制造用钢有：①调质结构钢；②表面硬化结构钢，包括渗碳钢、表面淬火用钢等；③易切结构钢；④冷塑性成型钢，包括冷冲压钢、冷锻钢。

（3）工具钢：①碳素工具钢；②合金工具钢；③高速工具钢。

（4）特殊性能钢：①不锈耐酸钢；②耐热钢，包括抗氧化钢、热强钢、气阀钢；③电热合金钢；④耐磨钢；⑤低温用钢；⑥电工用钢。

（5）专业用钢：如桥梁用钢、船舶用钢、锅炉用钢、压力容器用钢、农机用钢等。

6．综合分类

（1）普通钢包括碳素结构钢、低合金结构钢和特定用途的普通结构钢。其中，碳素结构钢有：① Q195；② Q215（A、B）；③ Q235（A、B、C）；④ Q255（A、B）；⑤Q275。

（2）优质钢（包括高级优质钢）包括结构钢、工具钢和特殊性能钢。其中，结构钢包括：①优质碳素结构钢；②合金结构钢；③弹簧钢；④易切钢；⑤轴承钢；⑥特定用途优质结构钢。工具钢包括：①碳素工具钢；②合金工具钢；③高速工具钢。特殊性能钢包括：①不锈耐酸钢；②耐热钢；③电热合金钢；④电工用钢；⑤耐磨钢。

7．按冶炼方法分类

（1）按炉种分，可以分为以下几种。第一种，平炉钢：①酸性平炉钢；②碱性平炉钢。第二种，转炉钢：①酸性转炉钢；②碱性转炉钢；③底吹转炉钢；④侧吹转炉钢；⑤顶吹转炉钢。第三种，电炉钢：①电弧炉钢；②电渣炉钢；③感应炉钢；④真空自耗炉钢；⑤电子束炉钢。

（2）按脱氧程度和浇注工艺分：①沸腾钢；②半镇静钢；③镇静钢；④特殊镇静钢。

（二）品种介绍

钢材按外形可分为板材、型材、线材、管材、金属材料五大类。

（1）板材：中厚板、容器板、中板、碳结板、锅炉板、低合金板、花纹板、冷板、热板、冷卷板、热卷板、镀锌板、电镀锌板、不锈钢板、硅钢片、彩涂板、彩钢、瓦楞铁、镀锌卷板、热轧带钢。

（2）型材：工字钢、槽钢、方钢、重轨高工钢、H型钢、圆钢、不等边角钢、扁钢、轻轨齿轮钢、六角钢、耐热钢棒、合结圆钢、合工圆钢、方管、碳工钢、轴承钢、碳结圆钢、不锈圆钢、轴承圆钢、矩形管、弹簧钢。

（3）线材：普线、高线。

（4）管材：焊管、不锈钢管、热镀锌管、冷镀锌管、无缝管、螺旋管。

（5）金属材料：生铁、马口铁等。

第三节　煤炭

一、行业背景

煤炭是我国的基础能源和重要原料，煤炭工业关系国家经济命脉和能源安全。

我国煤炭生产企业与消费企业分布较为分散，行业集中度偏低，这为不同规模的煤炭流通服务商提供了生存空间。目前我国正大力推动煤炭开采企业的整合，煤炭流通市场也将趋向集中，这将逐步提高煤炭流通企业的市场进入壁垒，小规模煤炭流通企业的生存空间将不断缩减，大规模、跨区域的煤炭流通服务商将成为主流。但受国内节能减排政策，以及国内外宏观经济环境的影响，下游行业进入结构调整、设备更新、产品升级换代阶段，发展速度放缓。

二、基础知识

（一）煤炭主要产地

煤炭在全球的分布很不均衡，各个国家煤炭的储量也很不相同。中国、印度、印度尼西亚、美国是煤炭储量丰富的国家，也是世界主要产煤国。

中国煤炭资源丰富，除上海以外，其他各省（区、市）均有分布，但分布极不均衡。在中国北方的大兴安岭—太行山、贺兰山之间的地区，地理范围包括内蒙古、山西、陕西、宁夏、甘肃、河南的全部或大部分地区，是中国煤炭资源集中分布的地区，其煤炭资源量占全国煤炭资源量的50％左右，占中国北方地区煤炭资源量的

55%以上。在中国南方,煤炭资源量主要集中于贵州、云南、四川三省,这三省煤炭资源量之和占中国南方煤炭资源量的90%以上,其探明保有资源量也占中国南方探明保有资源量的90%以上。

(二)煤炭中转港

我国煤炭中转港主要有:秦皇岛港、天津港、京唐港、日照港、枝城港、连云港港、广州港、钦州港、徐州港、芜湖港等。

煤炭调出区有:内蒙古、山西、陕西、河南、宁夏、黑龙江、贵州、四川、新疆等。

煤炭调入区有:北京、天津、河北、辽宁、山东、吉林、上海、江苏、浙江、福建、湖北、湖南、广东、广西、云南等。

(三)煤炭报价方式

(1)坑口价,是指在坑口进行交易的价格,一般不包含除煤价外的费用,也叫出厂价。

(2)含税车板价,是指在火车车厢交货、含增值税的价格。

(3)不含税车板价,是指在火车车厢交货、不含增值税的价格。

(4)场地价,是指在某个堆放场地交货的价格,一般是不包含增值税的。

(5)船板价,是指把煤装到船上,未经过平整(不包含这项费用)的交货价。

(6)平仓价,是指把煤装到船上,经过平整以后(包含这项费用)的交货价。

(7)包干价,是指把煤运到用户指定地点的价格,一般用火车、船或者汽车运输。

(8)含税价和不含税价,是指包含和不包含增值税的价格。

(四)煤炭消费用途

1.动力煤

从世界范围来看,动力煤产量占煤炭总产量的80%以上。世界十大煤炭公司主要生产动力煤,其比重约占该十大公司煤炭总产量的82%。美国动力煤产量占其煤炭总产量的90%以上。中国动力煤产量也占煤炭总产量的80%以上。

在国外,动力煤绝大部分用来发电,工业锅炉也有一些用量。全世界约有55%的动力煤用于发电,动力煤需求的增量部分基本上都在电力部门,但中国例外,在中国实施工业化的进程中,各行各业都需要大量的动力煤。

从动力煤的品种来看,长焰煤和不黏煤储量最大,分别占我国动力煤总储量的 21.70% 和 20.35%,褐煤和无烟煤也占有相当大的比例,而贫煤和弱黏煤则相对较少,仅占全国动力煤总储量的 7.66% 和 2.49%。动力煤各煤种占比情况具体见表 1-2。

表 1-2　我国动力煤各煤种占比情况

煤种	占全国动力煤总储量/%	占全国煤炭总储量/%
长焰煤	21.70	16.14
不黏煤	20.35	15.14
褐煤	17.63	13.12
无烟煤	16.02	11.92
贫煤	7.66	5.70
弱黏煤	2.49	1.86

我国动力煤的主要用途有:发电用、蒸汽机车用、建材用、一般工业锅炉用、生活用、冶金用等。

2.炼焦煤

我国虽然煤炭资源比较丰富,但炼焦煤资源相对较少。

炼焦煤类包括气煤、肥煤、主焦煤、瘦煤和其他未分牌号的煤。炼焦煤的主要用途是炼焦炭。焦炭由炼焦煤或混合煤高温冶炼而成,一般 1.3 吨左右的炼焦煤才能炼出 1 吨焦炭。焦炭多用于炼钢,是目前钢铁等行业的主要生产原料,被喻为钢铁工业的"基本食粮",是各国在世界原料市场上必争的原料之一。

三、产品介绍

(一)煤的种类

1.动力煤

动力煤是用作动力原料的煤炭。动力煤主要包括长焰煤、不黏煤、褐煤、贫煤、少量的无烟煤等。动力煤对热值、挥发分、灰分的要求不像化工煤那么高。从广义上讲,凡是以发电、机车推进、锅炉燃烧等为目的,产生动力而使用的煤炭都属于动力用煤,简称动力煤。

2.无烟煤

无烟煤俗称白煤或红煤,是煤化程度最高的煤。无烟煤固定碳含量高,挥发分产率低,密度大,硬度大,燃点高,燃烧时不冒烟,黑色、坚硬,有金属光泽。

3.烟煤

烟煤的含碳量为 $75\%\sim90\%$,大多数具有黏结性,发热量较高,燃烧时火焰长而多烟,多数能结焦。

4.焦煤

焦煤也称冶金煤,是具有中等挥发分及低挥发分、黏结性较强的烟煤。在中国煤炭分类国家标准中,焦煤是对煤化度较高、结焦性好的烟煤的称谓,又称主焦煤。

5.混煤

混煤是由若干不同种类、不同性质的煤按照一定比例掺配加工而成的。它虽然具有组分煤的某些特征,但综合性能已有所改变,实际上是人为加工而成的新煤种。

6.褐煤

褐煤,又称柴煤,是煤化程度最低的矿产煤,是一种介于泥炭与沥青煤之间的棕黑色、无光泽的低级煤。其化学反应性强,在空气中容易被风化,不易储存和长途运输,燃烧时空气污染严重。

(二)煤炭质量指标分级

煤炭的质量指标主要有灰分、水分、硫分、发热量、挥发分、块煤限下率、含矸率、结焦性、黏结性等。

正确使用微机量热仪、升降式微机全自动量热仪、微机灰熔点测定仪、自动测氢仪、工业分析仪、快速灰化炉、微电脑黏结指数测定仪、奥亚膨胀度测定仪、煤燃点测定仪、活性炭测定仪等煤炭化验设备,可以测试出煤炭不同指标的高低,从而确定煤炭质量。

煤炭硫分按表 1-3 进行分级。

表 1-3 煤炭硫分分级

序号	1	2	3	4	5	6
级别名称	特低硫煤	低硫分煤	低中硫煤	中硫分煤	中高硫煤	高硫分煤
代号	SLS	LS	LMS	MS	MHS	HS
硫分范围($S_{t,d}$)	≤0.50%	0.51%~1.00%	1.01%~1.50%	1.51%~2.00%	2.01%~3.00%	≥3.01%

煤炭灰分按表 1-4 进行分级。

表 1-4 煤炭灰分分级

序号	1	2	3	4	5	6
级别名称	特低灰煤	低灰分煤	低中灰煤	中灰分煤	中高灰煤	高灰分煤
代号	SLA	LA	LMA	MA	MHA	HA
灰分范围(A_d)	≤5.00%	5.01%~10.00%	10.01%~20.00%	20.01%~30.00%	30.01%~40.00%	40.01%~50.00%

煤固定碳按表 1-5 进行分级。

表 1-5 煤固定碳分级

序号	1	2	3	4	5	6
级别名称	特低固定碳煤	低固定碳煤	中等固定碳煤	中高固定碳煤	高固定碳煤	特高固定碳煤
代号	SLFC	LFC	MFC	MHFC	HFC	SHFC
固定碳范围(FC_d)	≤45.00%	45.01%~55.00%	55.01%~65.00%	65.01%~75.00%	75.01%~85.00%	≥85.01%

(三)煤在工业分析中的各项指标

1.水分

水分是一项重要的煤质指标,它在煤的基础理论研究和加工利用中都具有重要的地位。煤的水分随煤的变质程度加深而呈规律性变化:从泥炭、褐煤、烟煤,到年轻无烟煤,水分逐渐减少,而从年轻无烟煤到年老无烟煤,水分又增加。煤的水分对煤的加工利用、贸易和储存运输都有很大影响。在锅炉燃烧中,水分高会影响燃烧稳定性和热传导;在炼焦工业中,水分高会降低焦炭产率,而且水分大量蒸发会带走热量而使焦化周期延长;在煤炭贸易中,煤的水分是一个重要的计质和计量指标。在现代煤炭加工利用中,水分高有时反而是一件好事,如煤的水分可作为加氢液化和加氢汽化的供氢体。在煤质分析中,煤的水分是进行煤质分析结果换算的基础数据。

2. 灰分

灰分是另一项在煤质特性和利用研究中起重要作用的指标。在煤质研究中,由于灰分与其他特性,如含碳量、发热量、活性及可磨性等有不同程度的依赖关系,因此可以通过它来研究其他特性。由于煤灰是煤中矿物质的衍生物,因此可以用它来计算煤中矿物质的含量。此外,由于煤中灰分测定方法简单,而它在煤中的分布又不易均匀,因此在煤炭采样和制样方法研究中,一般都用它来评定方法的准确度和精密程度。在煤炭洗选工艺研究中,一般也以煤的灰分作为一项洗选效率指标。在煤的燃烧和汽化中,人们常根据煤灰含量以及它的诸如熔点、黏度、导电性和化学组成等特性来预测过程中可能出现的腐蚀、沾污等问题,并据此进行炉型选择和煤灰利用研究。

3. 挥发分

煤的挥发分产率与煤的变质程度有密切的关系。随着变质程度的加深,煤的挥发分逐渐降低。如煤化程度低的褐煤,挥发分产率为 37.01%～65.00%;进入烟煤阶段时,挥发分产率为 10.01%～55.00%;到达无烟煤阶段,挥发分产率就降到 10.00% 甚至 3.00% 以下。因此,根据煤的挥发分产率可以大致判断煤的煤化程度。我国的煤炭分类标准以挥发分作为第一分类指标。根据挥发分产率和测定挥发分后的焦砟特征可以初步确定煤的加工利用途径。如高挥发分煤,干馏时化学副产品产率高,适于做低温干馏或加氢液化的原料,也可做汽化原料;挥发分适中的烟煤,黏结性较好,适于炼焦。在配煤炼焦中,要用挥发分来确定配煤比,以将配煤的挥发分控制在适宜范围内(25.01%～31.00%)。此外,根据挥发分可以估算炼焦时焦炭、煤气和焦油等的产率。在动力用煤中,可根据挥发分来选择特定的燃烧设备或特定设备的煤源。在汽化和液化工艺的条件选择上,挥发分也有重要的参考作用。在环境保护中,挥发分还是制定烟雾法令的依据。此外,挥发分与其他煤质特性指标如发热量等有较好的相关关系。利用挥发分可以计算煤的发热量和碳、氢、氧的含量,以及焦油产率。

4. 固定碳

固定碳是煤炭分类、燃烧和焦化中的一项重要指标。煤的固定碳随变质程度的加深而增加。在煤的燃烧中,常利用固定碳来计算燃烧设备的效率;在炼焦工业中,常根据它来预计焦炭的产率。

第四节　塑料

一、行业背景

在我国,塑料工业在 20 世纪五六十年代快速发展。其中,塑料包装于 70 年代起步,80 年代初至 90 年代是成长期,此时国内各种商品的塑料外包装的美观度和功能发生了根本性的变化。自 90 年代起,跨国消费品企业陆续进入中国,消费市场对塑料包装的要求越来越高,需求迅速增长,不少企业开始扩大对塑料包装的投资规模。

国家统计局数据显示,2022 年,我国塑料制品行业规模以上企业数量稳步增长,突破 2 万大关,同比增长 12.3%。据全国塑料制品行业汇总,2022 年,塑料制品企业完成产量 7771.6 万吨,同比下降 4.3%。2019 年以来,我国塑料制品年产量略有下降,但整体发展较为平稳。同时,我国塑料薄膜市场保持大容量扩张,使得塑料薄膜处于结构性供需矛盾的状态,传统薄膜供过于求,高新薄膜则供不应求。

从最近几年的塑料行情来看,我国的塑料化工行业得到了迅猛发展,塑料加工业实现了历史性跨越。党的二十大以来,塑料行业已被重新定位为发展中的支柱产业,塑料制品已从简单满足民生需求转变成一种全新的产业配套生产资料,实现了从以消费品为主到进入生产资料领域的重要转型。塑料制造行业成为集新材料、新工艺、新技术、新装备于一体的新型制造业。

二、基础知识

塑料为合成的高分子化合物,可以自由改变形体样式,是利用单体原料合成或由缩合反应聚合而成的材料,由合成树脂及填充剂、增塑剂、稳定剂、润滑剂、着色剂等添加剂组成。它的主要成分是合成树脂。

塑料的基本性能主要取决于合成树脂的性能,但添加剂也起着重要作用。有些塑料基本上是由合成树脂组成的,不含或少含添加剂,如有机玻璃、聚苯乙烯等。因此,塑料和树脂这两个名词在日常生活中常被混用。

塑料种类很多,世界上投入生产的塑料共有 300 多种。塑料的分类方法较多,常用的有两种:

(1)根据塑料受热后的性质不同分为热塑性塑料和热固性塑料。

热塑性塑料的分子结构都是线型结构,该种塑料在受热时发生软化,可塑制成一定的形状,冷却后变硬,受热到一定程度又重新软化,冷却后再变硬,这种过程能够反复进行多次。如聚氯乙烯、聚乙烯、聚苯乙烯等都属于此类塑料。热塑性塑料的成型过程比较简单,能够连续生产,并且具有相当高的机械强度,因此发展很快。

热固性塑料的分子结构是体型结构,该种塑料在受热时也发生软化,可以塑制成一定的形状,但受热到一定的程度或加入少量固化剂后,就硬化定型,再加热也不会变软和改变形状了。热固性塑料加工成型后,受热不再软化,因此不能回收再利用,如酚醛塑料、氨基塑料、环氧树脂等都属于此类塑料。热固性塑料成型工艺过程比较复杂,所以连续生产有一定的难度,但其耐热性好,不容易变形,而且价格比较低廉。

(2)根据塑料的用途不同分为通用塑料和工程塑料。

通用塑料是指产量大、价格低、应用范围广的塑料,主要包括聚烯烃、聚氯乙烯、聚苯乙烯、酚醛塑料和氨基塑料五大品种。人们日常生活中使用的许多制品都是由这些通用塑料制成的。

工程塑料是可作为工程结构材料和部分机器零部件等的塑料,例如聚酰胺、聚甲醛、ABS 树脂、聚四氟乙烯、聚酯、聚酰亚胺等。工程塑料具有密度小、化学稳定性高、机械性能良好、电绝缘性优越、加工成型容易等特点,广泛应用于汽车、电器、化工、机械、仪器、仪表等工业领域,也应用于火箭、导弹制造的领域。

三、产品介绍

塑料产品是指以合成树脂为主要成分,以增塑剂、填充剂、润滑剂、着色剂等添加剂为辅助成分,利用这种在加工过程中能流动成型的材料制成的工业产品。

第五节　棉花

一、行业背景

(一)国产棉花的产量和布局

棉花是我国的重要经济作物和大宗农产品,棉花生产在我国国民经济发展中具有重要的地位。

我国棉花的主要种植品种为陆地棉和海岛棉。陆地棉又称细绒棉,其产量占我国棉花总产量的 95%,具有丰产、早熟、衣分高、品质好等特点。海岛棉即长绒棉,主产区在新疆,其生长期较长,产量低,抗逆性和适应性较差,但品质优良,纤维较长。

我国植棉区域广阔,棉花种植地带集中分布在北纬 $18°\sim46°$,东经 $76°\sim124°$ 之间。通常划分为三大棉区:长江流域棉区、黄河流域棉区、西北内陆棉区。产棉省(区、市)有 23 个。

棉花上连种植业,下连加工业,是产业关联度最高的大宗农产品。我国有1.6亿多人从事棉花种植或与棉花生产相关的产业和事业,其中植棉农户有 3000 万户。棉花种植为棉花主产区农民提供了主要的收入来源。棉花流通领域为 120多万人提供了就业机会。

(二)我国棉花市场运行特点

1.棉花种植业在波动中发展

从我国的棉花种植来看,自然灾害对棉花年度间减产有影响,但不是棉花价格大起大落的主要原因。棉花价格变化主要来源于植棉面积的变化。而植棉面积主要受收购价、棉粮比价关系和农用生产资料价格等因素的影响。

2.棉花单产水平逐年提高

单产是影响棉花生产的重要因素。科技水平、基础设施和自然灾害是影响棉花单产波动的三个主要因素。从历史发展趋势看,我国的棉花单产处于持续上升的稳步发展状态。

3.棉花产业对外依存度不断提高

加入世界贸易组织(WTO)之后,我国棉花产业对外依存度不断提高。2014~2021 年我国一共进口了 1370.3 万吨棉花,占我国棉花生产总量的 29.25%。2014~2021 年我国棉花种植面积、产量及进口量统计具体见表 1-6。

表 1-6 2014~2021 年我国棉花种植面积、产量及进口量统计

年度	面积/万公顷	单产/(吨/公顷)	总产/万吨	进口/万吨
2014	417.64	1.51	629.94	243.92
2015	377.49	1.56	590.74	147.49
2016	319.83	1.67	534.28	90.00
2017	319.47	1.76	565.25	116.00
2018	335.44	1.82	610.28	157.00
2019	333.93	1.76	588.9	184.89
2020	316.89	1.87	591.05	216.00
2021	302.82	1.89	573.09	215.00

4.我国进口棉花的配额制

关税配额:根据 2000 年中国加入 WTO 时的相关协议,我国棉花每年关税配额内的发放量都在 89.4 万吨,关税配额内的进口关税税率为 1%。

滑准税:滑准税是一种关税税率随货物进口完税价格的变动而反向变动的税率形式。其主要特点是可保持棉花的国内市场价格的相对稳定,尽可能减少国际市场价格波动带来的影响。

根据国务院关税税则委员会 2020 年 12 月 21 日发布的《2021 年关税调整方案》,棉花关税配额内进口继续实行 1% 关税税率不变。对配额外进口的一定数量棉花实施滑准税,具体方式如下:①当进口棉花完税价格高于或等于 14.000 元/千克时,按 0.280 元/千克计征从量税;②当进口棉花完税价格低于 14.000 元/千克时,暂定从价税率按下式计算:$R_i = 9.0 \div P_i + 2.69\% \times P_i - 1$(其中 R_i 为暂定从价税率,P_i 为关税完税价格)。

二、基础知识

(一)棉纤维品质构成

(1)纤维长度。纤维长度是纤维品质中最重要的指标之一,与纺纱质量关系十分密切。当其他品质相同时,纤维越长,其纺纱支数越高。在有公定回潮率的条件下,每千克棉纱的长度为若干米,即有若干公支,纱越细,支数越高。纺纱支数越高,可纺号数越小,强度越高,具体见表1-7。

表 1-7 原棉长度与可纺支数的关系

原棉种类	纤维长度/毫米	细度/(米/克)	可纺支数/公支
长绒棉	33~41	6500~8500	100~200
细绒棉	25~31	5000~6000	33~99
粗绒棉	19~23	3000~4000	15~30

(2)纤维整齐度。纤维长度对成纱品质所起的作用也受其整齐度的影响,一般纤维越整齐,短纤维含量就越低,成纱表面就越光洁,纱的强度就越高。

(3)纤维细度。纤维细度与成纱的强度密切相关,纺同样粗细的纱,用细度较细的成熟纤维时,因纱内所含的纤维根数多,纤维间接触面较大,抱合较紧,其成纱强度较高。同时细纤维还适于纺较细的纱支。但细度也不是越细越好,太细的纤维,在加工过程中较易折断,也容易产生棉结。

(4)纤维强度。纤维强度指拉伸一根或一束纤维在即将断裂时所能承受的最大负荷。单纤维强度因品种不同而异,一般细绒棉纤维强度适中,长绒棉纤维结构致密,强度较高。

(5)纤维成熟度。纤维成熟度是指纤维细胞壁的厚度。细胞壁越厚,其成熟度越高;纤维转曲多,强度高,弹性强,色泽好,相应地,成纱质量也高;成熟度低的纤维各项经济性状均差。但过熟纤维也不理想,纤维太粗,转曲也少,成纱质量不高。

表1-8对棉纤维的经济性状及可纺号数进行了比较。

表 1-8　棉纤维的经济性状及可纺号数比较

棉纤维经济性状	长绒棉	细绒棉
色泽	乳白	洁白
长度/毫米	35～45	21～33
细度/(米/支)	6500～9000	4500～7000
直径/微米	12～14.5	13.5～19
宽度/微米	14～22	18～25
转曲/(转/厘米)	100～120	50～80
强度/克	4.5～6	3.5～5
断裂长度/千米	27～40	21～25
可纺号数/号	特细号 4～10	细号及中号 11～30

(二)棉花的分类、加工与检验

(1)分类。根据物理形态的不同,棉花可分为籽棉和皮棉。棉农从棉花植株上直接摘下来的棉花叫籽棉,籽棉去籽加工后叫皮棉,通常所说的棉花产量,指的是皮棉产量。根据加工用机械的不同,棉花分为锯齿棉和皮辊棉。锯齿轧花机加工出来的皮棉叫锯齿棉;皮辊轧花机加工出来的皮棉叫皮辊棉。皮辊轧花机生产效率低,加工出来的棉花杂质含量高,但对棉纤维无损伤,纤维相对较长;锯齿轧花机生产效率高,加工出来的棉花杂质含量低,但对棉纤维有一定的损伤。目前细绒棉基本上都是锯齿棉,长绒棉一般为皮辊棉。

(2)加工。一般用衣分来表示籽棉加工成皮棉的比例。正常年份,衣分为36%～40%,也就是 50 千克籽棉能够加工出 18～20 千克的皮棉。皮棉不能散放,必须由打包机打成符合国家标准的棉包。我国标准皮棉包装有两种包型:85千克/包(±5 千克),227 千克/包(±10 千克)。以 85 千克/包居多。

(3)品级。棉花根据成熟程度、色泽特征、轧工质量这三个条件被划分为 1～7 级及等外棉。

(4)长度。棉花根据棉纤维的长度划分长度级,以 1 毫米为级距,可分成 25～31 毫米的 7 个长度级。

(5)马克隆值。马克隆值是反映棉花纤维细度与成熟度的综合指标,数值越大,表示棉纤维越粗,成熟度越高。马克隆值分三级,即 A、B、C 级,B 级为马克隆值标准级。

（6）回潮率。棉花公定回潮率为8.5%，回潮率最高限度为10.5%。

（7）含杂率。锯齿棉标准含杂率为2.5%。

（8）危害性杂物。棉花中严禁混入危害性杂物。

（三）棉花的分级

棉花分级是为了在棉花收购、加工、储存、销售环节中确定棉花质量，其是衡量棉花使用价值，确定棉花市场价格必不可少的手段，以充分合理利用资源，满足生产和消费的需要。

（1）品级分级。一般来说，棉花品级分级是对照实物标准（标样）进行的，这是分级的基础，同时辅以一些其他措施，如用手感来体验棉花的成熟度和强度，看色泽特征和轧工质量，依据上述各项指标的综合情况为棉花定级。国标规定三级为品级标准级。

（2）长度分级。长度分级用手扯尺量法进行，通过手扯纤维得到棉花的主体长度，用专用标尺测量棉束得出棉花纤维的长度。各长度值均为保证长度，也就是说，25毫米表示棉花纤维长度为25.0～25.9毫米，26毫米表示棉花纤维长度为26.0～26.9毫米，依此类推。同时国标还规定：28毫米为长度标准级；五级棉花长度大于27毫米的，按27毫米计；六、七级棉花长度均按25毫米计。品级分级与长度分级组合，可将棉花分为33个等级，构成棉花的等级序列。如国标规定的标准品是"328"，即品级为三级，长度为28.0～28.9毫米的棉花。棉花等级分类见表1-9。

表1-9　棉花等级分类

品级长度	一级	二级	三级	四级	五级	六级	七级
31毫米	131	231	331	431			
30毫米	130	230	330	430			
29毫米	129	229	329	429			
28毫米	128	228	328	428			
27毫米	127	227	327	427	527		
26毫米	126	226	326	426	526		
25毫米	125	225	325	425	525	625	725

（3）马克隆值分级。马克隆值分三级，即A、B、C级，B级为马克隆值标准级，

具体分级见表 1-10。

表 1-10　马克隆值分级

A	3.7~4.2	高级
B	3.5~3.6、4.3~4.9	普通级
C	≤3.4 或≥5.0	折扣级

328B 细绒白棉为标准等级,即品级为三级、长度为 28.0~28.9 毫米、马克隆值为 B 级的细绒白棉。

三、产品介绍

棉花是离瓣双子叶植物,属锦葵目锦葵科木槿亚科棉属;喜热、好光、耐旱、忌渍,适宜在疏松深厚的土壤中种植。

我国是世界上种植棉花最早的国家之一。在我国的棉花栽培历史上,先后种植过四个品种——海岛棉(长绒棉)、亚洲棉(粗绒棉)、陆地棉(细绒棉)和草棉(粗绒棉)。在不同历史时期,我国棉花的主要栽培品种也不一样。亚洲棉引入我国的历史最久,种植时间最长,栽培区域较广;陆地棉引入我国的历史较短,但发展很快,20 世纪 50 年代即取代了亚洲棉。目前广大棉区所种植的棉花多为陆地棉,新疆还种植海岛棉。

第二章　大宗商品电子交易基础知识

第一节　大宗商品电子交易术语和交易模式

一、交易术语

(一)开市时间

指交易系统允许交易商最早开始下单的时间。

(二)开市暂停

指交易系统暂停下单,暂停下单的时间是交易商交易的中间休息时间。

(三)闭市时间

指交易系统结束当天交易下单的时间。

(四)交易时间

指交易系统允许交易商下单的时间。

(五)休市日

指法定节假日等交易系统停止交易的日子。

(六)电子撮合交易

指有交货能力的卖方在交易市场交易终端发布售货指令,买方发布购货指令,交易市场的交易系统按价格优先、时间优先原则确定双方的成交价格,生成电子交易合同,并在交易市场指定交收仓库进行实物交收的交易方式。

(七)集合竞价

集合竞价在每一交易日开市前 10 分钟内进行。交易系统按照价格优先和时间优先的原则,对所有有效的买单按申报价由高到低排列,对所有有效的卖单按申报价由低到高排列。交易系统依次将排列在队列前面的买单和卖单撮合成交,直到不能成交为止。开盘后集合竞价中的未成交申报单自动参与开市后的自由竞价交易。

(八)开盘价

指某一品种经集合竞价产生的成交价格或开市后的第一笔成交价。

(九)最高价

指某日截至开市后的某一时刻某一品种成交价中的最高价格。

(十)最低价

指某日截至开市后的某一时刻某一品种成交价中的最低价格。

(十一)最新价

指某日某一品种最新一单成交合同的成交价格。

(十二)涨跌

指某一品种在某日交易期间的最新价与上一交易日结算价之差,以"±"表示,"+"表示上升,"-"表示下跌。

(十三)申买价

指某一品种在某日交易期间从开盘到开盘后的某一时刻最高的未成交买报价。

(十四)申买量

指某一品种在某日交易期间从开盘到开盘后的某一时刻交易市场交易系统中在未成交的最高价位申请买入的单子数量。

(十五)申卖价

指某一品种在某日交易期间从开盘到开盘后的某一时刻最低的未成交卖

报价。

(十六)申卖量

指某一品种在某日交易期间从开盘到开盘后的某一时刻交易市场交易系统中在未成交的最低价位申请卖出的单子数量。

(十七)结算价

指某一品种在某日交易期间从开盘到开盘后的某一时刻按成交量计算的加权平均价。当日无成交的,以上一交易日的结算价作为当日结算价。最后交易日的结算价为交收价。

(十八)成交量

指在某日交易期间从开盘到开盘后的某一时刻所有成交品种的双边数量。

(十九)订货量

指已签订电子合同,但尚未进行货物交收的合同标的的数量。

(二十)交收

指买方根据商品电子合同把成交后的商品从卖方仓库提取到买方仓库的过程。交收也称交割。

(二十一)上次余额

指昨日资金、期初资金或当日期初资金。

(二十二)本次余额

指今日资金。

(二十三)入金

指资金划入或其他划入。

(二十四)出金

指资金划出或其他划出。

(二十五)转让价差

指交易商订立买进商品合同再转让卖出或订立卖出商品合同再转让买入的差价。

(二十六)交易手续费

指交易市场向交易双方收取的交易服务费用。

(二十七)交收手续费

指交易市场向买卖双方收取的交收费用。

(二十八)借贷利息

指交易商向市场借贷保证金后产生的利息。

(二十九)交收货款

指交易商履行电子合同时应收、应付的货款。

(三十)交收价差

指交收盈亏。

(三十一)其他费用

指服务费退还、开发奖励、利息等。

(三十二)当前抵顶额度

指卖方用注册仓单抵顶履约保证金或买方用国债等价值稳定、流动性强的有价证券抵免履约保证金的额度。

(三十三)订货盈亏

指交易商未转让商品的订立价格与当日该商品结算价的差价。

(三十四)订单保证金

指参与撮合交易的交易商按照市场规定的标准和进度交纳的履约保证金。

(三十五)借贷资金

指交易商通过第三方担保向市场借贷的保证金。

(三十六)冻结货款

指应付分期货款。

(三十七)可用资金

指买方或卖方为了交易结算在交易市场专用结算账户中预先准备的专用结

算资金,用于划转保证金、手续费、货款等,是未被合同占用的保证金。

(三十八)可出资金

指当前可以划出的资金。

(三十九)结算准备金

当订单交易保证金大于等于抵顶金时,结算准备金＝本次余额－(订单交易保证金－抵顶金)－冻结货款;当订单交易保证金小于抵顶金时,结算准备金＝本次余额－冻结货款。

(四十)账面保底金额

指可用资金的最小余额。

二、交易模式

(一)现货中远期交易

现货中远期交易一般以六个月内的标准化电子交易合同为交易标的,交易商采用交纳保证金、多对多集中撮合动态定价的交易方式,在合同有效期内根据浮动盈亏实行当日无负债结算,在交收日以仓单进行现货交收。现货中远期交易是目前各电子交易中心最常用、最基本的一种交易模式。

大宗商品电子交易模式

(二)现货延期交易

现货延期交易也叫连续现货交易或现货订单延期交易,是指交易商通过交易中心电子交易系统进行交易品种的买入或卖出申报,电子交易合同经电子交易系统撮合成交后自动生成,交易商可根据该电子交易合同约定,自主选择当日交收或延期交收的交易方式。交易中心在指定时间段接受交易商的交收请求,对符合交收条件的请求进行交收处理。申请交收时买卖数量不等造成的交收差额,由交易中心认定的中间仓交易商来弥补。

(三)网上商城交易

网上商城是指在互联网上特有的"多个商铺对多个采购者"的大型商城,网上商城交易是一种"多对多"的网上交易模式。各供货商可以在网上商城分别建立自己的网上商铺,各采购者可以浏览各商铺展示的在售商品,进行在线购物。网上商城为供货商提供便利的自助开店、展示商品和店铺管理功能,为购物者提供方便的检索商品、浏览店铺、在线购物服务,为商城管理人员提供对会员、商铺及整个商城的后台管理功能。

(四)现货挂牌洽谈交易

现货挂牌洽谈交易可分为现货要约销售和现货要约采购两种。交易商首先进行现货挂牌要约(销售或采购),感兴趣的采购商查阅到挂牌要约信息后,可以应约(采购或销售),在买卖双方确认成交后,可以通过交易系统签署详尽的电子交易合同,双方可以打印合同,签字盖章后进入货物交收处理、货款了结、违约处理和违约金支付流程。

(五)现货挂牌交易

现货挂牌交易是指在交易市场的组织下,买方或卖方通过交易市场现货挂牌电子交易系统,将商品的品牌、规格等主要属性和交货地点、交货时间、数量、价格等信息对外发布,由符合资格的对象提出接受该要约的申请,按照时间优先原则成交并通过交易市场签订电子交易合同,按合同约定进行实物交收。现货挂牌交易分为买挂牌交易和卖挂牌交易。

(六)现货挂牌撮合交易

现货挂牌撮合交易是指卖方在交易市场委托销售订单或委托销售应单、买方在交易市场委托购买订单或委托购买应单,交易市场按照价格优先、时间优先原则确定双方成交价格并生成电子交易合同,按合同约定在指定的交收仓库进行实物交收。

大宗商品定价指数

(七)现货竞价交易

现货竞价交易是指在交易市场的组织下,买方或卖方通过交易市场现货竞价交易系统,将商品的品牌、规格等主要属性和交货地点、交货时间、数量、底价等信息对外发布,由符合资格的对象自主加价或减价,按照价格优先的原则,在规定时间内以最高买价或最低卖价成交并通过交易市场签订电子交易合同,按合同约定进行实物交收。现货竞价交易分为竞买专场和竞卖专场。

（八）网上超市交易

网上超市交易是指电子交易市场运营方统一负责所售货物的采购和销售，通过网上超市，发布各种类型的商品信息，采购者在网上超市浏览、选购所需的商品后下订单（加入购物车），在收银台确认支付并完成交易。网上超市交易是能够以较快的速度带来电子商务人气和业务量的电子交易模式。

大宗商品电子商务服务

（九）竞价拍卖交易

竞价拍卖交易是类似于现场拍卖会式的、卖方交易商对自己的现货进行竞价拍卖的"一对多"的竞价交易模式。卖方交易商填写、发布竞价销售商品委托报单的详细信息，买方交易商可以下单竞买，在交易期限内按照价格（高）优先、数量优先、时间优先的原则成交。

（十）竞价招投标交易

竞价招投标交易是指买方交易商提出自己的要求，在电子交易市场上进行招标购买，卖方交易商进行投标的"一对多"的竞价交易模式。买方交易商可在限定的商品范围内选择某种商品进行招标购买，填写、发布竞价采购商品委托报单的详细信息，符合买方交易商条件的卖方交易商可以下单竞卖，在交易期限内按照价格（低）优先、数量优先、时间优先的原则成交。

（十一）专场交易

专场交易是可以对以上各种交易模式进行特定专场交易的特殊交易模式，即可以对某些商品或某批商品限定相关条件（如指定生产厂家、产地、交货地或交货日期等）进行专场交易。

（十二）团购

团购模式既可以作为系统的功能模块来使用，也可以为买方交易商建立快速团购平台。此平台既为广大买方交易商提供联合起来向卖方交易商进行大批量商品廉价购买的消费服务，又可以为卖方交易商带来巨大的营业额。

第二节 大宗商品电子交易规定

一、电子交易参与方

(一)总则

电子交易中心为交易商提供与电子交易相关的交易、物流、金融、信息等服务,并制定、执行管理制度,监督其他交易参与方的行为,保证交易安全、可靠、公平。参与电子交易的交易商、交货仓库、结算银行都由电子交易中心认定其资格,相互之间签订合同,明确相互关系与权利义务。交货仓库配合电子交易中心提供物流服务,按合同要求保管在电子交易系统中用来交易的大宗商品,为电子交易提供物流保障。结算银行配合电子交易中心提供金融服务,按合同要求为电子交易资金流提供监督与保障。

交易的参与主体

(二)电子交易中心

电子交易中心依照国家有关规定批准设立,提供可靠、安全、开放的电子交易平台,并对电子交易信息管理系统进行维护。电子交易中心应制定章程、交易过程文件和确保过程有效运作、控制的文件。电子交易中心管理、监督交易的进行,采取必要的风险控制制度,以保证合同的履行。

1.基础设施

能够开展电子交易的基础设施要求如下:

①拥有电子交易的经营场所及设施;

②拥有满足保管和其他物流配套服务要求的指定交货仓库;

③电子交易设施和通信条件完备,满足 24 小时服务需求;

④拥有保证电子交易过程按要求运作、控制的电子交易系统;

⑤有提供配套的物流配送服务的能力;

⑥可以实时掌握交货仓库的货物情况;

⑦符合有关法律、法规的规定。

2.交易服务

电子交易中心应提供的交易服务如下：

①制定并实施电子交易业务规则；

②安排商品上市交易；

③管理、监督大宗商品电子交易、结算和交货过程；

④具有风险防范措施，并确保措施的实现；

⑤监督大宗商品电子交易合同的履行，并有措施保证履约；

⑥对交易商的信用情况进行监控与记录，并通过公正的信用评价等级系统来提高电子交易信用度，引导规范、守信的交易作风。

电子交易其他服务

3.物流配套服务

电子交易中心应提供的物流配套服务如下：

①能为交易商提供及时、便利的仓储服务、代理运输服务；

②指定交货仓库，并保证交货仓库的业务过程可控；

③与交货仓库共同保证交易货物的真实性，并有相应的保证措施。

4.信息服务

电子交易中心应提供的与电子交易相关的信息服务如下：

①提供电子交易、结算、交货过程的资料，并确保资料的完整、安全、可控；

②及时提供电子交易参与方的可公开信息；

③有能力提供与交易相关的行业综合信息、市场行情及相应分析；

④交易资料的可查询期限不低于合同经济纠纷的追索期；

⑤发布的公共信息可通过互联网随时获取；

⑥确保交易商核心信息的安全，相关信息不会被不正当地利用；

⑦有完善的系统安全保障、数据备份和故障恢复的手段，确保交易商交易数据的安全、完整、准确；

⑧对交易商的信息、交易指令及交易过程中的敏感信息进行可靠加密；

⑨通过可靠有效的技术及管理方面的措施，确保交易商身份被正确识别与认证，确保交易信息的不可抵赖性。

5.电子交易中心的文件要求

（1）总则。

电子交易中心的电子交易体系文件应包括：

①电子交易中心章程；

②电子交易参与方的管理文件；

③电子交易各个过程、环节的管理规定；

④按电子交易要求形成文件的程序规定；

⑤确保相关交易过程有效策划、运作和控制的其他文件。

（2）电子交易中心章程。

电子交易中心章程应包括以下主要内容：

①电子交易中心的设立目的和职能；

②电子交易中心的名称、地址和营业场所；

③电子交易中心的注册资本；

④电子交易中心的营业期限；

⑤组织机构的设置、职权和议事规则；

⑥管理人员的产生、任免及其职责；

⑦基本业务规则；

⑧财务、内部审计制度；

⑨变更、终止的条件、程序及清算办法；

⑩章程修改程序；

⑪需要在章程中规定的其他事项。

（3）交易过程文件。

电子交易中心对电子交易过程的管理规定应通过一系列文件载明以下基本
内容：

①电子交易的地点、时间；

②电子交易的模式；

③电子交易商品及交货期限；

④电子交易的暂停、恢复与程序取消；

⑤电子交易程序及其管理制度；

⑥电子交易合同及其管理制度；

⑦交易异常情况的处理程序；

⑧交易商管理办法；

⑨交货仓库管理规定；

⑩交货管理制度。

6.信息披露

电子交易中心应通过互联网发布电子交易参与方的基本情况，包括名称、企业概况、服务范围、服务能力、联系方式、交易商的信用状况，以及电子交易即时行情。电子交易即时行情包括商品品种、交货时间、交易价格、涨跌幅度、买卖申报数量、成交数量、订货量等。

（三）交易商

交易商是大宗商品电子交易的买卖方，交易商应遵守电子交易中心的交易规定，接受电子交易中心的监督，配合电子交易中心的工作。

1.选取

交易商是在中华人民共和国境内注册登记的从事与交易商品相关的现货生产、经营、消费活动的企业法人，具有良好的资信。经电子交易中心批准，取得交易商资格。转让或者承继交易商资格，应当经电子交易中心批准，并履行相关手续。

2.交易要求

交易商参与电子交易应符合以下要求：

（1）交易商只能代理业内交易，不得代理社会公众投资；

（2）交易商应守法、履约、公平买卖；

（3）交易商应保护好自己的账号和密码，并对由其账号在电子交易中心使用所产生的后果全权负责；

（4）交易商应遵守电子交易中心的章程、交易业务规则及有关规定；

（5）交易商应与结算银行签订相应协议书，在电子交易中心的结算银行开户；

（6）交易商保证提供材料的真实性，并承担相应责任；

（7）交易商接受电子交易中心的管理，电子交易中心行使管理职权时，可以按照规定的权限和程序对交易商进行调查，交易商应当配合；

（8）交易商遵守相关法律规定以及电子交易中心的相应规定。

3.注销

交易商不再继续在电子交易中心参与交易，应申请办理资格注销手续。未办理注销手续的交易商,应对其账号发生的所有行为全权负责。

(四)交货仓库

交货仓库由电子交易中心认定,是交易商品的存放地,交货仓库负责对商品进行保管,对其外在品质进行检验。

电子交易中心与交货仓库签订协议,明确双方的权利和义务,由电子交易中心对交货仓库中与电子交易有关的业务进行监督管理。交货仓库不能参与有关商品的电子交易活动。

1.选取

交货仓库应具备以下条件:

(1)仓库是在中华人民共和国境内注册登记的企业法人,并具有良好的信用;

(2)获得仓库所在地的仓储主管部门的仓储经营许可;

(3)仓库基础设施、管理制度符合电子交易中心的要求;

(4)能提供电子交易所需的配套物流服务、信息服务;

(5)承认电子交易中心的交易业务规则、交货制度等;

(6)电子交易中心规定的其他条件。

电子交易中心根据调查和评估结果择优选用仓储企业,并与之签订交货仓库协议书,明确双方的权利和义务。企业缴纳风险抵押金,接受电子交易中心组织的监督检查。

2.基础设施

交货仓库的基础设施应满足的条件如下:

(1)堆场、库房有一定规模,有储存电子交易中心上市商品的条件,设备完好、齐全,计量符合规定要求;

(2)有能满足运输和配送要求的运输条件;

(3)有良好的商业信誉和完善的仓储管理规章制度;

(4)具备严格、完善的商品检验和化验制度、商品出入库制度、库存商品管理制度等;

(5)承认电子交易中心的交易业务规则、交货制度等;

(6)固定资产和注册资本须达到电子交易中心规定的数额;

(7)财务状况良好,具有较强的抗风险能力;

(8)有满足保管、物流服务要求的仓储业务管理信息系统,系统能实时、准确地反映保管物资的动态情况,能与电子交易中心实时通信;

(9)电子交易中心规定的其他条件。

3.提供的服务

交货仓库提供的服务如下:

(1)配合电子交易中心提供物流配送服务;

(2)按规定保管好库内的商品,确保商品安全;

(3)有代办交货商品运输的能力;

(4)货物检验合格入库后,按规定生成仓单;

(5)交货仓库应当担保仓单所代表的交货商品的数量及外表、品质等属性;

(6)配合电子交易中心开展信息发布与查询;

(7)保守与交易有关的商业秘密;

(8)按要求实时向电子交易中心传输相关数据并提供有关情况;

(9)当所存商品的存放时间超出商(质)检规定的有效期时,交货仓库应及时提醒并协助货主委托国家认可的商(质)检部门对所存商品进行复检;

(10)当交易双方对商品的质量发生争议时,交货仓库应当协同交易双方去国家认可的商(质)检部门进行复检;

(11)根据交易合同规定的标准,对用于交货的货物进行验收入库,货物入库的检验由货物卖方和交货仓库共同进行,检验结果须经双方认可。

4.注销

交货仓库放弃交货仓库资格,应向电子交易中心递交放弃交货仓库资格书面申请,并经电子交易中心审核批准。

交货仓库放弃或被取消资格的,应办理以下事项:

(1)交货商品全部出库,经电子交易中心核准注销仓单;

(2)结清与电子交易中心的债权债务;

(3)按电子交易中心的标准清退风险抵押金。

交货仓库资格的确认、放弃或取消,电子交易中心应及时通告交易商及其他交货仓库。

(五)结算银行

结算银行由电子交易中心统一认定,其主要功能是协助电子交易中心结算、划拨资金。电子交易中心应在各结算银行开设一个专用结算账户,用于存放交易商的货款及相关款项。

1. 选取

为电子交易提供服务的结算银行应具备以下条件:

(1)应是全国性的商业银行,在全国各主要城市设有分支机构和营业网点;

(2)安全、快速的异地资金划拨方式;

(3)电子交易中心认为结算银行应具备的其他条件。

符合以上条件,结算银行与电子交易中心应签订相应协议,明确双方的权利和义务,以规范相关业务手续。

2. 提供的服务

结算银行提供的服务如下:

(1)开设电子交易中心专用结算账户和交易商专用资金账户;

(2)向电子交易中心和交易商吸收存款、发放贷款;

(3)了解并反映交易商在电子交易中心的资信情况;

(4)根据电子交易中心提供的票据优先划转交易商的资金;

(5)在电子交易中心出现重大风险时,应协助电子交易中心化解风险;

(6)保守电子交易中心和交易商的商业秘密。

3. 注销

结算银行资格的确认、放弃或取消,电子交易中心应及时通告交易商。结算银行申请放弃结算银行资格,应提前向电子交易中心递交结算银行资格注销的书面说明。

二、电子交易业务程序

交易商在电子交易中心通过一定的交易模式,签订电子交易合同,在规定时间内按合同约定履约,进行货物、货款交换,并按规定进行结算。电子交易中心应规定具体的电子交易程序,同时制定相应的管理办法,并公告电子交易中心所有交易商。

电子交易模式

(一)电子交易合同的订立

交易商之间通过电子交易中心的交易平台签订电子交易合同,约定彼此之间的买卖行为。电子交易合同的标的物是大宗商品。电子交易合同的订货量不应大于同期合同标的物的社会供需总量。

1. 合同的内容

电子交易中心可以发布经交易商认可的示范性合同文本。合同中应包括以下主要条款：

(1)买方、卖方的名称；

(2)标的；

(3)数量；

(4)质量；

(5)包装方式；

(6)检验标准和方式；

(7)交货时间；

(8)价款；

(9)结算方式；

(10)履行期限、地点和方式；

(11)违约责任；

(12)解决争议的方法；

(13)合同订立的地点。

合同具体条款由买卖双方在签约时约定。

2. 要约

交易商向电子交易中心的交易平台输入的买卖委托指令即为该交易商向其他交易商发出的要约。买卖委托指令的内容要具体,应包括合同主要条款的内容。

3. 承诺

交易商回应其他交易商发出的要约,向电子交易中心的交易平台输入的卖出或买入指令即为该交易商向发出要约的交易商做出的承诺。买卖成交时承诺即时生效,合同成立。

(二)货款支付

货款支付通过结算银行完成。货款支付实行一收一付、先收后付、收支相抵的方式。交货款项包括货款和包装款。货款按卖出价加/减地区差价和品质差价结算,包装款、地区差价和品质差价按电子交易中心公布的标准执行。

1. 货款支付方式

交易商买进货物时可以选择一次性付款或分期付款两种方式。货款的支付形式及分期付款的期数在双方签订电子交易合同时具体约定。

2. 货款支付过程

在合同规定的交货时间到期以前,买方应将与其买入商品相对应的全额货款及前期已付货款的差额部分划入电子交易中心的专用结算账户。

交货结算时,电子交易中心将货款付给卖方,给买方开具仓单持有凭证。

3. 结算过程

电子交易中心对交易商存入电子交易中心专用结算账户的货款实行分账管理,为每一个交易商设立明细账户,电子交易中心根据交易商当日成交数量按电子交易合同规定的标准计收交易手续费。电子交易中心与交易商之间交易业务资金的往来结算通过电子交易中心专用账户和交易商专用资金账户办理。

4. 结算结果通知

当日交易结束后,电子交易中心对每一个交易商的交易手续费、货款进行结算。电子交易中心采用发放结算单据电子信息等方式向交易商提供当日结算数据。

如遇特殊情况导致电子交易中心不能按时提供结算数据,电子交易中心将另行通知提供结算数据的时间。

(三)交货

商品交货是按照电子交易合同约定,交易双方对合同约定商品所有权转移手续进行办理的过程。交易商进行商品交货,应按规定向电子交易中心交纳交货手续费。具体标准在电子交易中心的交货制度中已明确。

1. 货物卖出

卖方交易商将其合格货物送至交货仓库换取仓单,并在电子交易中心进行注册登记,之后即可卖出。如果货物尚未运至仓库,交易商应提供有货证明,并经电子交易中心认可。

2. 交货期限

交易商在订立合同时约定交货期限。订立合同后,如交易商同意,也可在期限内自行安排交货时间。

3. 交货过程

交易商将商品送至交货仓库,检验合格后可换取仓单。在电子交易中心规定的交货日之前,交易商应将仓单和增值税发票等凭证交至电子交易中心。电子交易中心在确认买卖双方对货物的数量、质量和相关手续无异议后,向买方交付货物。

(四)电子交易合同的转让

交易商一方在把电子交易合同转让给第三方交易商时,应征得另一方的同意,并通过电子交易中心进行转让。电子交易中心合同转让的总量应小于同期标的物的社会流转总量。

(五)电子交易合同的解除

通过电子交易中心订立的电子交易合同,经买卖双方协商一致并由电子交易中心通过后,可以被解除。

(六)风险与责任

交易商入市前应与电子交易中心签订入市协议,规定双方的权利、义务,以及免责条款和协议生效的条件。

交易商对其在电子交易中心成交的合同负有承担风险的责任。

交易商不能履行合同责任时,电子交易中心有权对其采取下列保障措施:

(1)终止其交易商资格,接受并全权处理其未履约合同,相应盈亏完全由该交易商承担;

(2)将提供的担保手段或质押的权利凭证变现,用变现所得进行履约赔偿;

(3)不足补偿部分通过法律程序继续对该交易商进行追偿。

第二篇　实验平台及实践操作

第三章 实验平台简介

第一节 实验平台的基本功能

本实验平台主要包含两个子系统:教学管理子系统和大宗商品电子交易操作子系统。

教学管理子系统主要包含教学信息管理模块、教学过程管理模块和教学资源管理模块。教学信息管理模块管理教师信息、学生信息、课堂信息、功能权限等;教学过程管理模块管理课程上课、课程操作、课程结果、在线考试、在线评卷、大宗商品电子交易操作考核等;教学资源管理模块管理课程资源信息,包括教学课件、教学文档等。

大宗商品电子交易操作子系统主要包含买方挂牌交易操作、卖方挂牌交易操作、电子竞买交易操作、电子竞卖交易操作、网上商城交易操作、专场交易操作、在线招标交易操作,模拟大宗商品电子交易模式,帮助学生熟悉线上商流、物流、资金流一体化业务。

本实验平台,通过实例操作让学生深入了解大宗商品电子交易模式,提高学生的实践应用能力。

第二节 实验平台的操作界面

实验平台的操作主界面见图 3-1。

图 3-1　实验平台操作主界面

第三节　实验的内容及要求

1.后台基础设置实训

要求:掌握电子交易后台商铺设置、钢铁商品信息设置、煤炭商品信息设置、塑料商品信息设置的操作,熟悉平台基础设置的内容和作用。

2.大宗商品交易模式(钢铁挂牌交易)

要求:掌握大宗商品钢铁挂牌交易过程,掌握大宗商品电子交易平台中钢铁挂牌交易的工作流程,熟悉大宗商品电子交易平台中钢铁挂牌交易的操作步骤。

3.大宗商品交易模式(煤炭挂牌交易)

要求:掌握大宗商品煤炭挂牌交易过程,掌握大宗商品电子交易平台中煤炭挂牌交易的工作流程,熟悉大宗商品电子交易平台中煤炭挂牌交易的操作步骤。

4.大宗商品交易模式(塑料挂牌交易)

要求:掌握大宗商品塑料买方挂牌交易过程和大宗商品塑料卖方挂牌交易过程,掌握大宗商品电子交易平台中塑料买方挂牌交易、卖方挂牌交易的工作流程,熟悉大宗商品电子交易平台中塑料买方挂牌交易、卖方挂牌交易的操作步骤。

5.其他品种挂牌实训

要求:掌握其他品种挂牌交易的流程,熟悉流程中的节点操作步骤及其作用。能够独立完成整体流程的实例操作。

6．大宗商品交易模式（钢铁竞拍交易）

要求：掌握大宗商品电子交易平台中钢铁竞拍交易过程，掌握大宗商品电子交易平台中钢铁竞拍交易的工作流程，熟悉大宗商品电子交易平台中钢铁竞拍交易的操作步骤。

7．其他品种竞拍实训

要求：掌握其他品种竞拍交易模式的流程，熟悉流程中的节点操作步骤及其作用。能够独立完成整体流程的实例操作。

8．大宗商品交易模式（钢铁竞标交易）

要求：掌握大宗商品电子交易平台中钢铁竞标交易过程，掌握大宗商品电子交易平台中钢铁竞标交易的工作流程，熟悉大宗商品电子交易平台中钢铁竞标交易的操作步骤。

9．其他品种竞标实训

要求：掌握其他品种竞标交易模式的流程，熟悉流程中的节点操作步骤及其作用。能够独立完成整体流程的实例操作。

10．大宗商品交易模式（钢铁专场交易）

要求：掌握大宗商品电子交易平台中钢铁专场交易过程，掌握大宗商品电子交易平台中钢铁专场交易的工作流程，熟悉大宗商品电子交易平台中钢铁专场交易的操作步骤。

11．大宗商品交易模式（会员商铺交易）

要求：掌握大宗商品电子交易平台中会员商铺交易过程，掌握大宗商品电子交易平台中会员商铺交易的工作流程，熟悉大宗商品电子交易平台中会员商铺交易的操作步骤。

12．平台资金系统实训

要求：掌握平台资金客户管理功能、凭证管理功能、转账管理功能、结算账户管理功能、虚拟账户管理功能，熟悉交易模式下资金的流向。

13．大宗商品运力交易模式

要求：掌握大宗商品电子交易平台中运力交易过程，掌握大宗商品电子交易平台中运力交易的工作流程，熟悉大宗商品电子交易平台中运力交易的操作步骤。

第四章 实验平台的基础设置实验

一、商铺管理实验

(一)实验内容

(1)熟悉大宗商品交易模式(会员商铺交易)流程中的商铺维护步骤。

(2)熟悉电子商铺管理内容及要点。

(3)添加商铺并启用商铺模板,进行大宗商品交易模式(会员商铺交易)流程操作。

(二)实验要求

(1)完成在本会员账号下的商铺添加。

(2)对添加的商铺启用商铺模板。

(三)实验步骤

1.添加商铺

菜单:平台后台—基础平台—商铺管理。

操作员:交易中心。

具体操作步骤:

(1)在"商铺管理"中点击"新增"按钮。

(2)在"新增商铺"界面中,"会员代码"选择"本会员代码","商铺名称"录入"本会员名称","商铺类型"选择"普通商铺","协议编号"录入本会员代码+当前日期+序号(例如本会员代码为001184,当前日期为2016-07-31,则协议编号录入00118416073101),"开始时间"选择当前时间,"结束时间"选择当前时间的后一年,"主营项目"录入"大宗商品","负责人"录入本操作员姓名,"负责人电话"录入本操作员联系电话,"负责人邮箱"录入本操作员邮箱。

(3)信息录入完成后,点击"保存"按钮,系统提示保存成功。

2.启用商铺模板

菜单:平台后台—基础平台—商铺管理。

操作员:交易中心。

具体操作步骤:

(1)在商铺管理信息列表中查找本会员,例如本会员代码为001184,可以在"查询条件会员代码"字段选择001184,点击"查询"按钮,查找到本会员信息。

(2)点击"查看模板"按钮,系统弹出"模板列表"界面。

(3)在"模板列表"界面中点击"添加"按钮,在新增模板界面中,模板下拉选择"商铺模板2",结束日期选择当前时间的后一年。

(4)点击"保存"按钮,系统提示模板保存成功,在模板列表中可以看见启用的商铺模板信息。

二、钢铁商品信息设置实验

(一)实验内容

(1)掌握大宗商品钢铁物资属性。
(2)熟悉大宗商品钢铁物资管理要素和特点。
(3)进入系统增加钢铁物资信息。

(二)实验要求

登录系统增加钢铁物资信息,如大类:建材;品种:钢筋;品名:螺纹钢;规格:直径20mm、长9m;生产厂家:柳钢;材质:HRB335。钢铁分类示例见表4-1。

表 4-1 钢铁分类示例

大类	品种	品名
建材类	钢筋	盘螺、螺纹钢、圆钢
	钢筋制品	钢筋网片、箍筋
	普线	高线、优质碳素钢盘条
	线材制品	冷轧带肋盘条、钢丝绳、高碳钢盘条、钢帘线盘条、弹簧钢盘条
	线材	优线
热轧类	中厚板	高强结构板、建筑结构板、低合金结构板、碳素结构板
	热轧板卷	热轧卷、热轧原卷、低合金中板
	热轧制品	精密带钢
冷轧类	普冷	结构钢、酸洗板卷、冷轧板卷
	彩涂板卷	彩涂板卷、彩涂尾板卷
	热镀锌	热镀锌板卷
	轧硬卷	冷轧轧硬卷
	冷轧板卷	碳素结构钢
型材类	方管	方管
	H 型钢	耐低温高强度 H 型钢、普通国标 H 型钢、外标 H 型钢
	扁钢	扁钢
	工字钢	工字钢
	角钢	角钢
	槽钢	叉车用门架槽钢
	圆管	圆管

（三）实验步骤

1. 添加大类

菜单：平台后台—钢铁系统—基本设置—物资大类设置。

操作员：交易中心。

具体操作步骤：

（1）点击"新增"按钮，系统弹出"新增大类"界面。

（2）在"大类名称"中输入"建材"。

（3）输入完成后，点击"保存"按钮，系统提示保存成功。

2.添加品种

菜单:平台后台—钢铁系统—基本设置—物资品种设置。

操作员:交易中心。

具体操作步骤:

(1)点击"新增"按钮,系统弹出"新增品种"界面。

(2)在"大类"选项中下拉选择"建材",品种名称输入"钢筋",是否可挂牌选择"是"。

(3)以上步骤完成后,点击"保存"按钮,系统提示保存成功。

3.添加品名

菜单:平台后台—钢铁系统—基本设置—物资品名设置。

操作员:交易中心。

具体操作步骤:

(1)点击"新增"按钮,系统弹出"新增品名"界面。

(2)在"品名"中输入"螺纹钢",品种下拉选择"钢筋",规格格式先勾选"直径",再勾选"长",是否拆分选择"是"。

(3)以上步骤完成后,点击"保存"按钮,系统提示保存成功。

4.添加产地

菜单:平台后台—钢铁系统—基本设置—物资产地设置。

操作员:交易中心。

具体操作步骤:

(1)点击"新增"按钮,系统弹出"新增生产厂家"界面。

(2)在"生产厂家"中输入"柳钢"。

(3)输入完成后,点击"保存"按钮,系统提示保存成功。

5.添加材质

菜单:平台后台—钢铁系统—基本设置—物资材质设置。

操作员:交易中心。

具体操作步骤:

(1)点击"新增"按钮,系统弹出"新增材质"界面。

(2)在"材质"中输入"HRB335"。

(3)输入完成后,点击"保存"按钮,系统提示保存成功。

三、煤炭商品信息设置实验

(一)实验内容

(1)掌握大宗商品煤炭物资属性。

(2)熟悉大宗商品煤炭物资管理要素和特点。

(3)进入系统增加煤炭物资信息。

(二)实验要求

登录系统增加煤炭物资信息,如产地:沈阳;品种:1/3 焦煤;品名:洗混煤 5400;发热量收到基:5400kcal/kg;挥发分收到基:35%;全硫收到基:<0.4%;灰分收到基:26%~30%;内水:<2%;全水分:<7%;粒度:<80mm;灰熔点(AFT):>1380℃。

(三)实验步骤

1. 添加产地

菜单:平台后台—煤炭系统—基本设置—物资产地设置。

操作员:交易中心。

具体操作步骤:

(1)点击"新增"按钮,系统弹出"新增产地"界面。

(2)在"产地名称"中输入"沈阳"。

(3)输入完成后,点击"保存"按钮,系统提示保存成功。

2. 添加品种

菜单:平台后台—煤炭系统—基本设置—品种大类设置。

操作员:交易中心。

具体操作步骤:

(1)点击"所有品种",点击"新增资源"按钮,系统弹出"新增资源"界面。

(2)在"资源名称"中输入"1/3 焦煤"。

(3)输入完成后,点击"保存"按钮,系统提示保存成功。

3. 添加品名

菜单:平台后台—煤炭系统—基本设置—品种大类设置。

操作员:交易中心。

具体操作步骤:

(1)点击"所有品种",点击"1/3 焦煤",点击"新增资源"按钮,系统弹出"新增资源"界面。

(2)在"资源名称"中输入"洗混煤 5400"。

(3)输入完成后,点击"保存"按钮,系统提示保存成功。

4.添加品名属性

菜单:平台后台—煤炭系统—基本设置—品种大类设置。

操作员:交易中心。

具体操作步骤:

(1)点击"所有品种",点击"1/3 焦煤",点击"洗混煤 5400",点击"添加属性"按钮,系统弹出"新增品名属性"界面。

(2)在"属性名称"中输入"发热量收到基","必须属性"选择"否","文本长度"输入"20","下拉规则"选择"可输可选","排列顺序"输入"1","数据类型"选择"字符"。

(3)输入完成后,点击"保存"按钮,系统提示保存成功。

(4)按照第 2 步操作,依次增加"挥发分收到基""全硫收到基""灰分收到基""内水""全水分""粒度""灰熔点",其中,"增加属性"的"排列顺序"依次为:2、3、4、5、6、7、8。

四、塑料商品信息设置实验

(一)实验内容

(1)掌握大宗商品塑料物资属性。

(2)熟悉大宗商品塑料物资管理要素和特点。

(3)进入系统增加塑料物资信息。

(二)实验要求

登录系统增加塑料物资信息,如品种:塑料原料;品名:ABS;牌号:0215A;产地:吉林;厂商:吉林石化;用途级别:通用级;质量标准:国标正牌;包装规格:5 千克/包。

(三)实验步骤

1.添加品种

菜单:平台后台—塑料系统—基本设置—物资品种设置。

操作员:交易中心。

具体操作步骤:

(1)点击"新增"按钮,系统弹出"新增品种"界面。

(2)在"品种名称"中输入"塑料原料"。

(3)输入完成后,点击"保存"按钮,系统提示保存成功。

2.添加品名

菜单:平台后台—塑料系统—基本设置—物资品名设置。

操作员:交易中心。

具体操作步骤:

(1)点击"新增"按钮,系统弹出"新增品名"界面。

(2)在"品名"中输入"ABS",品种下拉选择"塑料原料",是否拆分选择"是"。

(3)完成后,点击"保存"按钮,系统提示保存成功。

3.添加牌号

菜单:平台后台—塑料系统—基本设置—物资牌号设置。

操作员:交易中心。

具体操作步骤:

(1)点击"新增"按钮,系统弹出"新增牌号"界面。

(2)在"牌号"中输入"0215A"。

(3)输入完成后,点击"保存"按钮,系统提示保存成功。

4.添加产地

菜单:平台后台—塑料系统—基本设置—物资产地设置。

具体操作步骤:

(1)点击"新增"按钮,系统弹出"新增产地"界面。

(2)在"产地名称"中输入"吉林",在"厂商名称"中输入"吉林石化"。

(3)输入完成后,点击"保存"按钮,系统提示保存成功。

5.添加用途级别

菜单:平台后台—塑料系统—基本设置—常用代码设置—用途级别。

操作员:交易中心。

具体操作步骤:

(1)点击"常用代码设置",在"用途级别"行点击"查看"按钮,系统弹出用途级别维护功能界面。

(2)在用途级别维护功能界面点击"添加"按钮,系统弹出用途级别增加功能界面。

(3)在"代码"中输入"通用级","名称"输入"通用级","使用"选择"是","下拉列显示"选择"是"。

(4)完成后,点击"保存"按钮,系统提示保存成功。

6.添加质量标准

菜单:平台后台—塑料系统—基本设置—常用代码设置—质量标准。

操作员:交易中心。

具体操作步骤:

(1)点击"常用代码设置",在"质量标准"行点击"查看"按钮,系统弹出质量标准维护功能界面。

(2)在质量标准维护功能界面点击"添加"按钮,系统弹出质量标准增加功能界面。

(3)在"代码"中输入"国标正牌","名称"输入"国标正牌","使用"选择"是","下拉列显示"选择"是"。

(4)完成后,点击"保存"按钮,系统提示保存成功。

7.添加包装规格

菜单:平台后台—塑料系统—基本设置—常用代码设置—包装数量。

操作员:交易中心。

具体操作步骤:

(1)点击"常用代码设置",在"包装数量"行点击"查看"按钮,系统弹出包装数量维护功能界面。

(2)在包装数量维护功能界面点击"添加"按钮,系统弹出包装数量增加功能界面。

（3）在"代码"中输入"25"，"名称"输入"5"，"使用"选择"是"，"下拉列显示"选择"是"。

（4）完成后，点击"保存"按钮，系统提示保存成功。

五、钢铁专场设置实验

（一）实验内容

（1）设置专场交易模式中会员专场挂牌操作权限。

（2）熟悉专场设置要素和特点。

（二）实验要求

登录系统增加本会员专场挂牌操作权限。

（三）实验步骤

菜单：平台后台—基础平台—钢铁系统—专场管理—专场设置。

操作员：交易中心。

具体操作步骤：

（1）点击"新增"按钮，系统弹出"新增会员"界面。

（2）"会员代码"选择"本会员代码"，选择完成后点击"保存"，系统提示保存成功。

第五章　电子交易模式实验

第一节　挂牌交易

挂牌交易分为卖方挂牌和买方挂牌。卖方挂牌是指卖方将其自有或未来拥有的商品详细情况录入交易系统,确认后发布挂牌要约,买方通过交易系统查询挂牌要约内容,并摘牌成交、签订电子交易合同的一种交易模式;买方挂牌是指买方将其需要订购商品的详细情况录入交易系统,确认后发布挂牌要约,卖方通过交易系统查询挂牌要约内容,并摘牌成交、签订电子交易合同的一种交易模式。

一、钢铁挂牌交易实验

(一)实验目的

(1)掌握大宗商品电子交易平台中钢铁挂牌交易的过程。

(2)掌握大宗商品电子交易平台中钢铁挂牌交易的工作流程。

(3)熟悉大宗商品电子交易平台中钢铁挂牌交易的操作步骤。

(二)实验内容

本实验主要是通过大宗商品电子交易平台中钢铁挂牌交易模块展现大宗商品中的钢铁材料挂牌交易流程,使学生直观体验钢铁挂牌交易流程中角色的变化,了解买家、卖家、交易中心在大宗商品钢铁挂牌交易中的职能。通过实际操作演示,学生可以更加形象地理解大宗商品钢铁挂牌交易模式的特点与流程要点。

1. 实验角色分配

实验采用分角色的形式,为当前课堂中的学生分配买家、卖家、交易中心角色,整个流程需要几个角色共同工作才能完成。

买家角色功能:充值管理、购物车管理、订单管理、订单支付管理、提货人信息维护管理、验货管理、到票管理、评分管理。

卖家角色功能:充值管理、挂牌管理、提单管理、实提维护管理、发票管理。

交易中心角色功能:线下充值通知、凭证审核、余款释放管理。

2. 操作流程

(1)初始信息设置。

买家角色:线下账户充值。

卖家角色:线下账户充值。

交易中心角色:线下充值受理、凭证审核。

(2)挂牌示例物资。

品名:螺纹钢;材质:HRB335;规格:直径 20mm、长 9m;生产厂家:柳钢;数量:10 件;单位:件;重量:20 吨;计量方式:理计;生产日期:2015-08-09;是否议价:一口价。

(3)挂牌交易流程。

图 5-1 为钢铁挂牌交易流程。

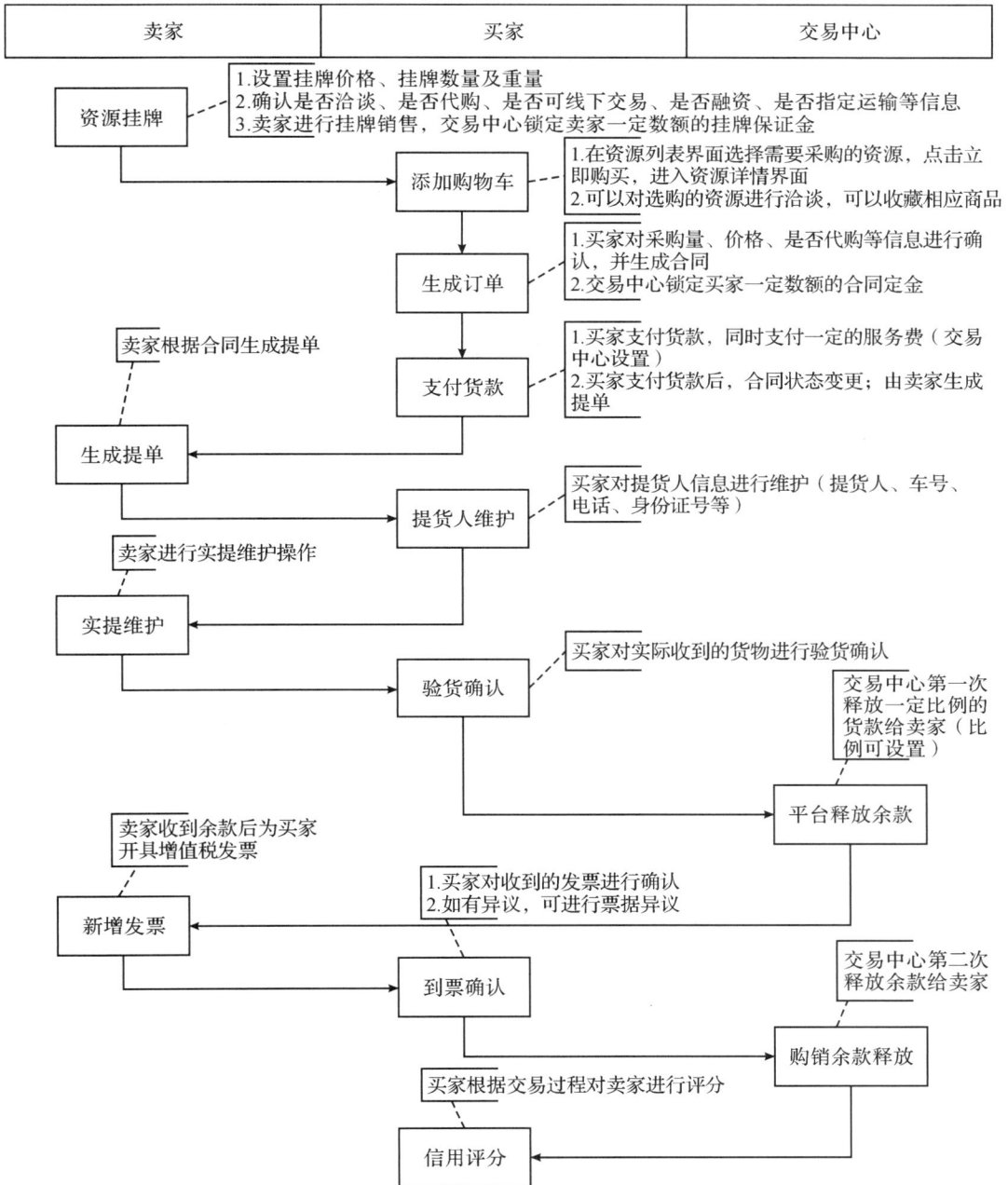

图 5-1　钢铁挂牌交易流程

（4）流程说明。

①卖家发布资源信息，设置挂牌价格、挂牌数量及重量，确认是否洽谈、是否

代购、是否可线下交易、是否融资、是否指定运输等信息,并进行挂牌销售,交易中心锁定卖家一定数额的挂牌保证金(可设置,监管资源不用锁定挂牌保证金)。

②卖家发布资源信息成功后,买家业务员即可在交易系统的资源选购中查找到相应的专场资源并进行选购,可以对选购的资源进行洽谈(即时通信工具);买家对采购量、价格、是否代购等信息进行确认后生成合同,同时交易中心锁定买家一定数额的合同定金。该合同为买卖双方交易的法律依据。

③买家支付货款后,货款将由买家交易账户划入交易中心账户并锁定,买家同时支付交易服务费(买家交易服务费由交易中心设置)。

④买家支付货款后,合同状态变更;由卖家生成提单。

⑤卖家根据合同生成提单,一个合同可以开具多个提单。

⑥买家进行提货人信息维护,录入提货车号、提货人姓名等信息。

⑦卖家进行实提维护操作,确认最终实提量后待买家进行验货确认。

⑧买家验货确认后,交易中心即可开始结算货款。首先,交易中心释放一定比例的货款(可设置)给卖家,若该合同存在需要退还给买家的货款,则同时退还相应的货款给买家,比如实提量小于合同量的情况。

⑨卖家收到货款后(平台释放余款),即可开具增值税发票给买家。

⑩买家收到发票后需在交易平台上对卖家开具的发票进行到票确认,确认无误后,合同完成。

⑪交易中心对合同最后锁定的余款进行购销余款释放。

⑫买家根据交易过程对卖家进行评分。

⑬交易结束。

(三)实验步骤

1.卖家角色

钢铁挂牌交易(卖家操作)

(1)资源挂牌。

功能:增加钢铁资源信息并进行挂牌以供交易。

菜单:我的平台—钢铁交易—我是卖家—挂牌管理。

操作员:卖家权限操作员。

具体操作步骤:

①点击"挂牌管理",再点击"未挂牌资源"。

②在"未挂牌资源"中选择"新增资源",弹出"资源新增"界面。

③在"资源新增"界面中,"品名"下拉选择"螺纹钢","材质"下拉选择或输入"HRB335","规格直径"输入"20","规格长"输入"9","生产厂家"下拉选择"柳钢"。存货地指物资存放所在地,输入"宁波物产物流基地","数量"输入"10","单位"选择"件","重量"输入"20","计量方式"选择"理计"。生产日期指物资的生产日期,选择"2015-08-09","是否议价"选择"一口价"。

④资源信息输入完成后,点击"保存并发布",系统提示保存成功,界面跳转至资源发布界面。

⑤勾选需要挂牌的物资(系统默认勾选),输入挂牌价"2200",点击"发布挂牌"。

⑥系统提示资源已发布,并锁定挂牌保证金,点击"确定",完成钢铁资源新增及发布的操作。

说明:

①保存并挂牌成功的资源会移至已挂牌资源里面。

②卖家挂牌资源可进行线下交易。买家在选购该资源时可自主选择是否线下交易。(若进行线下交易,在合同生成后,交易流程即结束。)

(2)挂牌管理。

①所有资源。

功能:显示所有的可挂牌、已挂牌资源信息。

菜单:我的平台—钢铁交易—我是卖家—挂牌管理—所有资源。

操作员:卖家权限操作员。

具体操作步骤:在列表中显示所有的可挂牌和已挂牌的资源信息,可根据查询条件进行查询。

②未挂牌资源。

功能:显示未挂牌的资源,对未挂牌的资源进行修改、删除操作。

菜单:我的平台—钢铁交易—我是卖家—挂牌管理—未挂牌资源。

操作员:卖家权限操作员。

具体操作步骤:

a. 在列表中显示所有未挂牌的资源信息,可根据查询条件进行查询。

b. 选择需要挂牌的物资,点击"资源发布",输入挂牌价,点击"发布挂牌",完成挂牌操作。

c. 选择需要删除的物资,点击"批量删除",系统弹出确认删除框,点击"确定",完成资源删除操作。

d. 选择需要修改的物资,点击"修改资源",系统弹出资源修改界面,修改完成后点击"保存",完成资源修改操作。

③已挂牌资源。

功能:显示已挂牌资源,对已挂牌资源进行撤牌操作。

菜单:我的平台—钢铁交易—我是卖家—挂牌管理—已挂牌资源。

操作员:卖家权限操作员。

具体操作步骤:

a. 在列表中显示已成功挂牌的资源信息,可以根据搜索条件进行搜索查询。

b. 选择需要撤牌的资源信息,点击"批量撤牌",系统弹出确认对话框,点击"确定",完成资源撤牌操作。

撤牌成功以后,该资源从已挂牌资源列表中消失。在未挂牌资源列表中可以查看撤牌的资源信息,可对撤牌资源进行修改再挂牌。

(3)生成提单。

功能:生成提单。

菜单:我的平台—钢铁交易—我是卖家—合同管理。

操作员:卖家权限操作员。

具体操作步骤:

①在需要生成提单的合同信息后点击"生成提单",系统显示"生成提单"界面。

②维护提货数量和提货重量,点击"下一步",进入"提货单信息确认"界面。

③点击"确认",系统显示确认提示框,点击"确定"后,系统提示生成提单成功。

(4)打印提单。

功能:打印提单作为到仓库的提货凭证。

菜单:我的平台—钢铁交易—我是卖家—提单管理。

操作员:卖家权限操作员。

具体操作步骤:

①在需要打印的提单后点击"打印提单",系统显示打印预览界面。

②点击"打印",如果电脑已连接打印机,则打印机会打印纸质提单,系统显示打印成功。

(5)实提维护。

功能:实提维护。

菜单:我的平台—钢铁交易—我是卖家—提单管理。

操作员:卖家权限操作员。

具体操作步骤:

①在需要实提维护的提单后点击"实提维护",实提信息是在买家提货后维护的实际出库量信息。

②点击"实提",系统显示确认提示框,点击"确定"后,系统提示实提维护成功。

(6)新增发票。

功能:对生成的提单进行开票操作。

菜单:我的平台—钢铁交易—我是卖家—发票管理。

操作员:卖家权限操作员。

具体操作步骤:

①点击"新增发票",系统显示新增发票界面,列表显示所有待开发票的提单信息。

②勾选需开具发票的提单,录入发票号码、交票方式与开票金额。发票号码表示实际开具发票的号码,交票方式表示发票开具后交予买家的方式。

③点击"保存",对系统提示进行确认后,新增发票成功。

2.买家角色

钢铁挂牌交易(买家操作)

（1）添加购物车—生成订单。

功能：将需要购买的物资加入购物车生成订单。

菜单：我的平台—钢铁交易—我是买家—资源采购。

操作员：买家权限操作员。

具体操作步骤：

①点击"挂牌交易"，系统显示平台所有会员的挂牌资源。

②选择需要购买的物资，品名：螺纹钢；材质：HRB335；规格：直径20mm、长9m；生产厂家：柳钢；数量：10件；单位：件；重量：20吨；计量方式：理计；生产日期：2015-08-09；是否议价：一口价。点击"加入购物车"，系统显示"已加入"。

（2）支付货款。

功能：买家支付货款。

菜单：我的平台—钢铁交易—我是买家—合同管理。

操作员：买家权限操作员。

具体操作步骤：

①在需要付款的合同后点击"申请支付"，系统弹出支付清单预览界面，点击"确认"提交支付清单，系统显示付款界面。

②在当前付款界面，输入支付密码，点击"立即支付"，系统提示"是否确认支付"。

③点击"确定"，支付成功。

（3）验货确认。

功能：买家收验货物后在线上确认收验货物。

菜单：我的平台—钢铁交易—我是买家—提单管理。

操作员：买家权限操作员。

具体操作步骤：

①在需要验货确认的提单后点击"验货确认"，系统显示验货确认界面。

②输入支付密码，点击"验货确认"，系统提示"您提交验货确认后，平台立即解冻卖方90％货款，是否继续"。

③点击"确定"，系统显示验货确认成功。

（4）到票确认。

功能：买家收到卖家开具的发票后在线上进行确认操作。

菜单:我的平台—钢铁交易—我是买家—发票管理。

操作员:买家权限操作员。

具体操作步骤:

①在收到卖家开具的发票后,点击"到票确认",系统显示到票确认界面。

②点击"到票确认"后,系统提示"确认要到票确认"。

③点击"确定",到票确认成功。

3.交易中心角色

钢铁挂牌交易(平台方操作)

功能:对交易合同货款进行释放。

菜单:钢铁系统—结算管理—购销余款释放。

操作员:交易中心。

具体操作步骤:

①选中需要释放款项的提单,点击"释放冻结款",系统显示购销余款释放界面。

②点击"确定",系统显示购销余款释放成功。

说明:

①买家验货确认后可以进行第一次部分合同货款释放。

②交易流程结束后(买家到票确认)进行第二次剩余合同货款释放。

③第一次部分合同货款没释放的情况下是不允许释放第二次需要释放的货物余款的。

(四)实验要求

(1)按要求进行分角色操作,系统记录操作步骤。

(2)课堂操作:在教师指导下完成大宗商品钢铁挂牌交易的所有流程(每个角色)。

(3)考核操作:在无教师指导下完成大宗商品钢铁挂牌交易的所有流程(每个角色)。

(五)实验数据

(1)品名:螺纹钢;材质:HRB335E;规格:直径 12mm、长 9m;生产厂家:安钢;

数量:10 件;单位:件;重量:21.58 吨;计量方式:理计;生产日期:2016-11-11。

(2)品名:盘螺;材质:HRB335E;规格:12mm;生产厂家:安钢;数量:10 件;单位:件;重量:20 吨;计量方式:磅计;生产日期:2016-11-11。

(3)品名:花纹卷板;材质:Q235B;规格:直径 11.75mm、长 1.5m;生产厂家:安钢;数量:1 件;单位:件;重量:12.56 吨;计量方式:磅计;生产日期:2016-11-11。

(4)品名:中厚板;材质:Q345B;规格:直径 44mm、长 2.5m;生产厂家:安钢;数量:10 件;单位:件;重量:32.4 吨;计量方式:磅计;生产日期:2016-11-11。

二、煤炭挂牌交易实验

(一)实验目的

(1)掌握大宗商品电子交易平台中煤炭挂牌交易的过程。
(2)掌握大宗商品电子交易平台中煤炭挂牌交易的工作流程。
(3)熟悉大宗商品电子交易平台中煤炭挂牌交易的操作步骤。

(二)实验内容

本实验主要是通过大宗商品电子交易平台中煤炭挂牌交易模块展现大宗商品中的煤炭材料挂牌交易流程,使学生直观体验煤炭挂牌交易流程中角色的变化,认识买家、卖家、交易中心在大宗商品煤炭挂牌交易中的职能。通过实际操作演示,学生可以更加形象地理解大宗商品煤炭挂牌交易模式的特点与流程要点。

1. 实验角色分配

实验采用分角色的形式,为当前课堂中的学生分配买家、卖家、交易中心角色,整个流程需要几个角色共同工作才能完成。

买家角色功能:线下账户充值、订单管理、订单支付管理、提货申请管理、确认结算管理、开票申请管理、验票确认管理。

卖家角色功能:线下账户充值、资源新增、资源挂牌、订单管理、发货通知管理、结算管理。

交易中心角色功能:线下账户充值、线下充值受理、凭证审核、品种设置。

2. 操作流程

(1)挂牌示例物资。

产地:沈阳;种类:1/3 焦煤;品名:洗混煤 5400;发热量收到基:5400kcal/kg;

挥发分收到基:35%;全硫收到基:<0.4%;灰分收到基:26%～30%;内水:<2%;全水分:<7%;粒度:<80mm;灰熔点(AFT):>1380°C;重量:3000 吨;单价:355 元/吨。

(2)挂牌交易流程。

图 5-2 为煤炭挂牌交易流程。

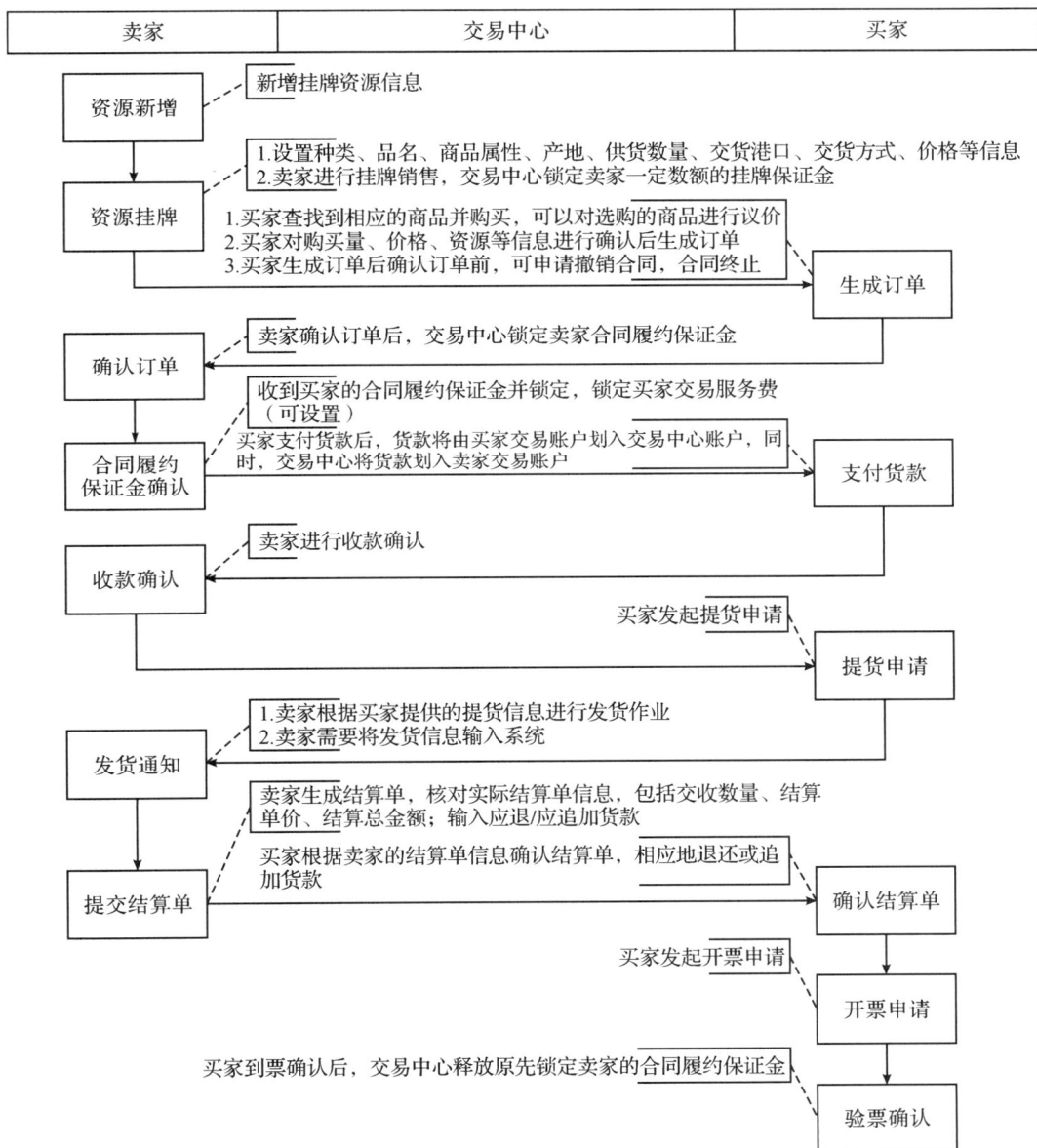

图 5-2　煤炭挂牌交易流程

（3）流程说明。

①卖家发布资源信息，设置种类、品名、商品属性、产地、供货数量、交货港口、交货方式、价格等信息，并进行挂牌销售，交易中心锁定卖家一定数额的挂牌保证金（可设置）。

②卖家发布资源信息成功后，买家业务员即可在交易系统中查找到相应的商品并购买，可以对选购的商品进行议价；买家对购买量、价格、资源信息进行确认后生成订单，卖家释放买家选购数量的挂牌保证金，挂牌数量要减去生成订单的数量。

③买家生成订单后确认订单前，可申请撤销合同，合同终止。

④卖家确认订单后，交易中心锁定卖家合同履约保证金，收到买家的合同履约保证金并锁定，锁定买家交易服务费（可设置）。

⑤买家支付货款后，货款将由买家交易账户划入交易中心账户。同时，交易中心将货款划入卖家交易账户。

⑥买家根据合同生成提单，并设置提单信息，一个合同可以开具多个提单。

⑦卖家根据买家提供的提货信息进行发货作业；卖家需要将发货信息输入系统。

⑧卖家生成结算单，核对实际结算单信息，包括交收数量、结算单价、结算总金额。输入应退/应追加货款（金额为正，表示买家需要追加货款；金额为负，表示卖家需要退款）。

⑨买家根据卖家的结算单信息确认结算单，相应地退还或追加货款。

⑩买家到票确认后，交易中心释放原先锁定卖家的合同履约保证金。

⑪交易结束。

（三）实验步骤

1.卖家角色

煤炭挂牌交易（卖家操作）

(1)资源发布。

功能:卖家新增需要销售的商品。

菜单:国内现货—卖家—资源发布。

操作员:卖家权限操作员。

具体操作步骤:

①在导航中点击"资源发布",系统显示资源信息界面。

②在资源信息界面中,"产地"下拉选择"沈阳","种类"下拉选择"1/3 焦煤","品名"下拉选择"洗混煤 5400","指标类型"选择"典型值","发热量收到基"输入"5400kcal/kg","挥发分收到基"输入"35％","全硫收到基"输入"<0.4％","灰分收到基"输入"26％～30％","内水"输入"<2％","全水分"输入"<7％","粒度"输入"<80mm","灰熔点"输入">1380℃","价格"输入"355","结算方式"选择"线下结算","供货数量"输入"3000","最低购买量"输入"2500","最低变动量"输入"100","交货方式"下拉选择"港提交货","交货港口"下拉选择"杭州港","提货方式"选择"自提","运输方式"选择"海运"。

③资源信息输入无误后,系统显示资源发布预览界面。

④点击"保存并立即挂牌",商品挂牌成功,界面跳转到挂牌成功提示界面(查看已挂牌商品、继续发布商品)。

⑤发布成功后等待会员采购。

(2)资源管理。

①所有资源。

功能:显示所有的未挂牌、已挂牌商品信息。

菜单:国内现货—卖家—资源管理—所有资源。

操作员:卖家权限操作员。

具体操作步骤:

a.在列表中显示所有的可挂牌和已挂牌的商品信息,可根据查询条件进行查询。

b.可挂牌商品:有"修改""删除"操作。

c.已挂牌商品:有"撤牌"操作。

②未挂牌资源。

功能:显示未挂牌的资源,对未挂牌的资源进行修改、删除操作。

菜单:国内现货—卖家—资源管理—未挂牌资源。

操作员：卖家权限操作员。

具体操作步骤：

a. 在需要修改的未挂牌资源后，点击"修改"，系统显示修改界面，在修改界面中打开该资源前一次修改的信息，修改完成后，点击"发布预览"。

b. 在商品列表中选择多条需要挂牌的资源，在序号后面的复选框中打"√"，点击"批量挂牌"按钮，系统提示"是否确定对选定的资源进行挂牌操作"，点击"确定"，批量挂牌成功。

c. 在需要删除的未挂牌资源后，点击"删除"，系统提示"您是否确定删除这条挂牌资源"，点击"确定"，系统提示删除成功，该商品信息从列表中消失；选择"取消"，则退出删除操作。

d. 在商品列表中选择多条商品信息，在序号后面的复选框中打"√"，点击"批量删除"按钮，系统提示"是否确认删除选中的商品"，点击"确定"，批量删除成功。

③已挂牌资源。

功能：显示已挂牌商品，对已挂牌商品进行撤牌操作。

菜单：国内现货—卖家—资源管理—已挂牌资源。

操作员：卖家权限操作员。

具体操作步骤：

a. 在列表中显示已成功挂牌的商品信息，可以根据搜索条件进行搜索查询。

b. 在需要撤牌的挂牌物资后，点击"撤牌"按钮，系统提示"您是否确定对选择的商品执行撤牌操作"，点击"确定"，商品撤牌成功，点击"取消"，退出撤牌操作。

c. 在列表中选择多条需要撤牌的商品信息，点击"批量撤牌"，弹出提示，点击"确定"，成功撤牌。

（3）合同确认。

功能：卖家确认合同。

菜单：国内现货—卖家—销售合同。

操作员：卖家权限操作员。

具体操作步骤：

①在需要确认的销售合同后，点击"确认合同"，系统显示确认订单信息界面。

②点击"确认"，系统提示"确认同意订单吗"，点击"确定"，系统显示确认订单成功。

③点击"拒绝",系统提示"确认取消订单吗",点击"确定",订单取消。

说明:

①在确认买家的意向订单时,可以对合同条款内容、数量、结算方式等进行修改,其中价格不允许修改。

②合同条款中有提货期确认。

③如果是可议价,点击"同意",系统弹出提示"您确定您的成交价是 1000 元/吨"以提醒卖家。

④可以拒绝买家意向订单(要求输入拒绝理由,买家可以查看拒绝理由),买家可以在修改后再由卖家确认。

(4)合同履约保证金到款确认。

功能:卖家收到买家合同履约保证金后进行线上确认。

菜单:国内现货—卖家—销售合同。

操作员:卖家权限操作员。

具体操作步骤:

①在需要合同保证金到款确认的销售合同后,点击"合同履约保证金到款确认",系统显示到款确认界面。

②在到款确认界面,点击"确认",系统弹出确认提示,点击"确定",系统提示到款确认成功。

(5)收款确认。

功能:卖家收到买家货款后进行线上确认。

菜单:国内现货—卖家—销售合同。

操作员:卖家权限操作员。

具体操作步骤:

①在需要货款到款确认的销售合同后,点击"收款确认",系统显示收款确认界面。

②在收款确认界面,点击"确认",系统弹出确认提示,点击"确定",系统提示收款确认成功。

(6)发货通知。

功能:确认发货的物品、提货人等信息并形成发货通知单通知发货人员发货。

菜单:国内现货—卖家—销售合同。

操作员:卖家权限操作员。

具体操作步骤:

①在需要通知发货的销售合同后,点击"发货通知单",系统显示发货信息界面。

②"我司要求"输入"到港提货","商检要求"输入"到港检验","结算依据"输入"到港检验单",点击"提交",系统显示确认提示,点击"确定",系统显示保存发货通知单成功。

③点击"返回列表",跳转到销售合同界面。

说明:

①确认发货的物品、收货人、发货数量,以及其他相关信息。

②发货通知单支持打印。

(7)生成结算单。

功能:以检验单为准,填写实际交收货物的属性信息。

菜单:国内现货—卖家—销售合同。

操作员:卖家权限操作员。

具体操作步骤:

①在需要结算的销售合同后,点击"生成结算单",系统显示结算单界面。

②在结算单界面,结算指标不改变,实际结算单信息不改变。

③点击"提交",系统弹出确认提示,点击"确定",系统显示保存结算单成功。

④点击"返回列表",返回到销售合同界面。

说明:

①可以填写实际交收的商品属性信息、交收数量、结算单价、结算金额。

②买家同意后,结算单才生效。

2.买家角色

煤炭挂牌交易(买家操作)

(1)资源采购并生成订单。

功能:资源采购。

菜单:煤炭交易—国内现货—买家—资源采购。

操作员:买家权限操作员。

具体操作步骤:

①在需要购买的挂牌资源后,点击"直接选购",系统显示商品购买信息界面。

②"购买数量"输入"3000",点击"同意并生成订单",系统显示买卖采购合同界面。

③在采购合同界面,点击"同意提交",系统弹出提示,点击"确定",采购合同生成成功。

(2)支付货款。

功能:买家支付货款。

菜单:国内现货—买家—采购合同—支付货款。

操作员:买家权限操作员。

具体操作步骤:

①在采购合同后,点击"线下支付申请",系统显示支付清单界面。

②"本次提货量"输入"3000"。

③点击"生成支付清单并支付",系统显示支付货款详情界面。

④在支付货款详情界面,单击"确认",系统弹出确认提示,点击"确定",系统显示生成支付申请单成功。

支付成功后,买家进行提货申请。

(3)提货申请。

功能:买家支付货款后,进行提货申请。

菜单:国内现货—买家—采购合同—提货申请。

操作员:买家权限操作员。

具体操作步骤:

①在需要提货的采购合同后,点击"提货申请",系统显示提货申请界面。

②在提货申请界面,"提货时间"选择"2016-08-16","提货人"输入"张三","提货人联系方式"输入"135××××4585","船号/车号"输入"顺丰135"。

③提货信息输入完成后,点击"提交",系统弹出确认提示,点击"确定",系统显示提货申请信息提交成功。

说明:提货申请界面不能修改提货数量,支付多少货款就可以提多少货,可以分多次支付,也可以多次提货。

(4)确认结算单。

功能:收到货物后在线上确认结算单。

菜单:国内现货—买家—采购合同—确认结算单。

操作员:买家权限操作员。

具体操作步骤:

①在收到货物的采购合同后,点击"确认结算单",系统显示结算单界面。

②在结算单界面,点击"确认",系统显示确认结算单成功。

说明:卖家如果有追加货款,追加货款为负数表示要退款给买家,正数表示要买家追加货款。

(5)开票申请。

功能:买家货款全部支付完成,且收到了货物,可进行开票申请。

菜单:国内现货—买家—采购合同—开票申请。

操作员:买家权限操作员。

具体操作步骤:

①在需要进行开票申请的采购合同后,点击"开票申请",系统显示开票申请界面。

②在开票申请界面中,选择开票日期,开票内容输入"商品信息、商品单价、商品金额"。

③信息输入完成后,点击"提交",系统显示开票申请成功。

(6)验票确认。

功能:收到卖家开具的发票后在线上进行确认操作。

菜单:国内现货—买家—采购合同—验票确认。

操作员:买家权限操作员。

具体操作步骤:

①在收到发票的采购合同后,点击"到票确认",系统显示到票确认界面。

②在到票确认界面,点击"到票确认",系统显示到票确认成功。

(7)结算单管理。

功能:买家确认结算单后可查看结算单相关信息。

菜单:国内现货—买家—结算单管理—查看结算单。

操作员:买家权限操作员。

具体操作步骤:点击"查看结算单",弹出结算单查看界面。

(四)实验要求

(1)按要求进行分角色操作,系统记录操作步骤。

(2)课堂操作:在教师指导下完成大宗商品煤炭挂牌交易的所有流程(每个角色)。

(3)考核操作:在无教师指导下完成大宗商品煤炭挂牌交易的所有流程(每个角色)。

(五)实验数据

(1)产地:澳洲;种类:动力煤;品名:筛煤;发热量(Q_{net}):7000kcal;全水分(M_t):10.00%;挥发分(V_d):25.00%;灰分(A_d):8.00%;全硫分($S_{t,d}$):1.80%;指标类型:典型值;价格:800 元/吨;价格有效期:7 天;结算方式:线上结算;供货数量:500 吨;最低购买量:50 吨;最低变动量:5 吨;交货方式:港提交货;交货港口:天津港;运输方式:海运。

(2)产地:澳洲;种类:无烟煤;品名:峰景焦煤;发热量(Q_{net}):6500kcal;全水分(M_t):9.00%;挥发分(V_d):26.00%;灰分(A_d):8.00%;全硫分($S_{t,d}$):1.50%;指标类型:典型值;价格:850 元/吨;价格有效期:15 天;结算方式:线上结算;供货数量:1000 吨;最低购买量:50 吨;最低变动量:5 吨;交货方式:港提交货;交货港口:上海港;运输方式:海运。

(3)产地:澳洲;种类:炼焦煤;品名:贡耶拉焦煤;发热量(Q_{net}):7500kcal;全水分(M_t):10.00%;挥发分(V_d):26.00%;灰分(A_d):8.00%;全硫分($S_{t,d}$):1.80%;指标类型:典型值;价格:900 元/吨;价格有效期:7 天;结算方式:线上结算;供货数量:300 吨;最低购买量:50 吨;最低变动量:5 吨;交货方式:港提交货;交货港口:宁波港;运输方式:海运。

三、塑料挂牌交易实验

(一)实验目的

(1)掌握大宗商品电子交易平台中塑料挂牌交易的过程。

(2)掌握大宗商品电子交易平台中塑料挂牌交易的工作流程。

(3)熟悉大宗商品电子交易平台中塑料挂牌交易的操作步骤。

(二)实验内容

本实验主要是通过大宗商品电子交易平台中塑料挂牌交易模块展现大宗商品中的塑料挂牌交易流程,使学生直观体验塑料挂牌交易流程中角色的变化,认识买家、卖家、交易中心在大宗商品塑料挂牌交易中的职能。通过实际操作演示,学生可以更加形象地理解大宗商品塑料挂牌交易模式的特点与流程要点。

1.实验角色分配

实验采用分角色的形式,为当前课堂中的学生分配买家、卖家、交易中心角色,整个流程需要几个角色共同工作才能完成。

买家角色功能:线下账户充值、订单管理、订单支付管理、提单管理、验货确认管理、验票确认管理、评分管理。

卖家角色功能:线下账户充值、资源新增、资源挂牌、订单管理、送货单管理。

交易中心角色功能:线下账户充值、线下充值受理、凭证审核、品种设置。

2.操作流程

(1)挂牌示例物资。

种类:塑料原料;品名:ABS;牌号:0215A;厂商:吉林石化;用途级别:通用级;质量标准:国标正牌;包装规格:25千克/包;销售数量:10吨;起订量:10吨;销售单价:11000元/吨;有效期:180天;提货方式:自提;交货地:浙江省宁波市镇海区物产物流基地;交货仓库:宁波物产物流基地。

(2)挂牌交易流程。

图5-3为塑料挂牌交易流程。

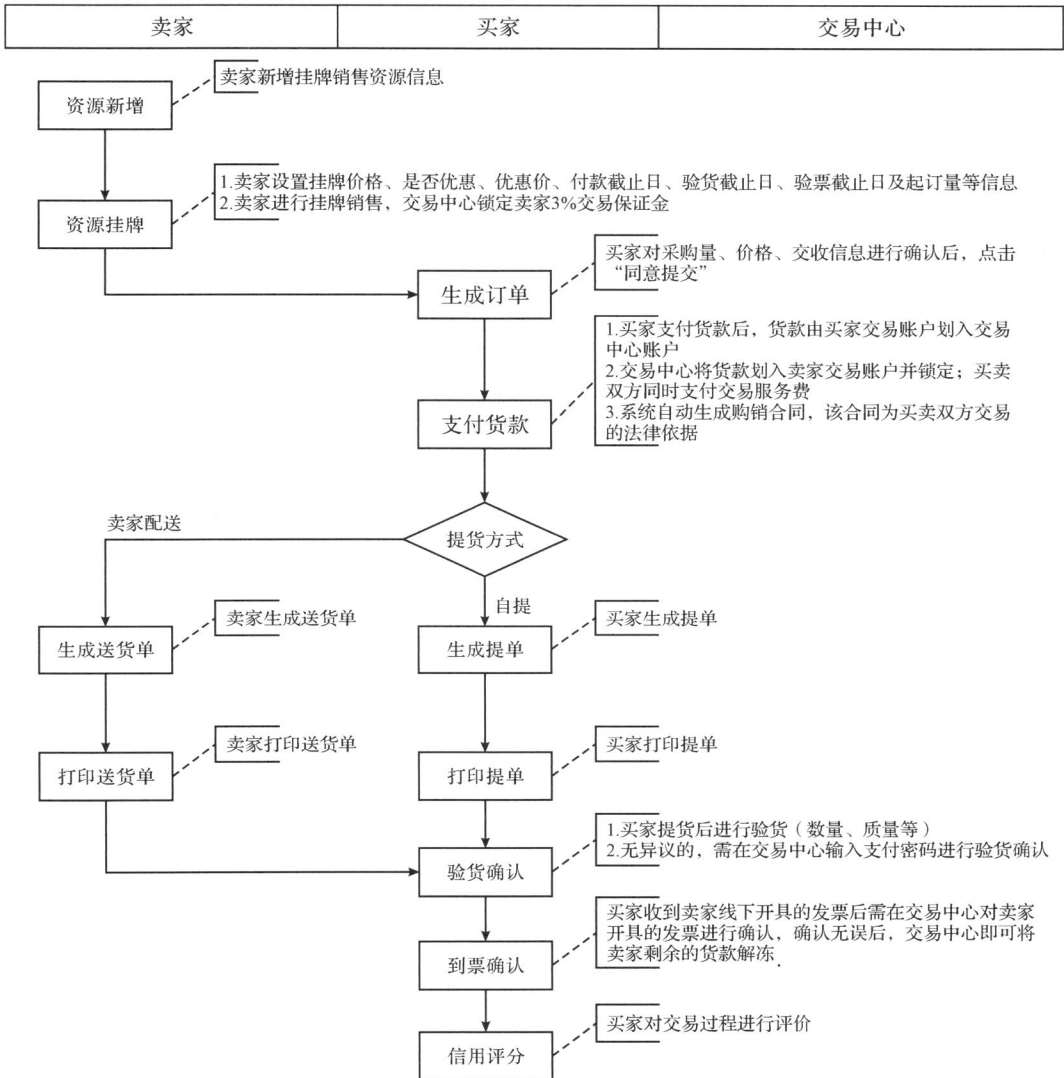

卖家	买家	交易中心

资源新增 --- 卖家新增挂牌销售资源信息

资源挂牌 --- 1.卖家设置挂牌价格、是否优惠、优惠价、付款截止日、验货截止日、验票截止日及起订量等信息
2.卖家进行挂牌销售，交易中心锁定卖家3%交易保证金

生成订单 --- 买家对采购量、价格、交收信息进行确认后，点击"同意提交"

支付货款 --- 1.买家支付货款后，货款由买家交易账户划入交易中心账户
2.交易中心将货款划入卖家交易账户并锁定；买卖双方同时支付交易服务费
3.系统自动生成购销合同，该合同为买卖双方交易的法律依据

提货方式 卖家配送 / 自提

卖家配送 → **生成送货单** --- 卖家生成送货单

自提 → **生成提单** --- 买家生成提单

打印送货单 --- 卖家打印送货单

打印提单 --- 买家打印提单

验货确认 --- 1.买家提货后进行验货（数量、质量等）
2.无异议的，需在交易中心输入支付密码进行验货确认

到票确认 --- 买家收到卖家线下开具的发票后需在交易中心对卖家开具的发票进行确认，确认无误后，交易中心即可将卖家剩余的货款解冻

信用评分 --- 买家对交易过程进行评价

图 5-3 塑料挂牌交易流程

（3）流程说明。

①卖家发布待销售资源信息，设置挂牌价格、是否优惠、优惠价、付款截止日、验货截止日、验票截止日及起订量等信息，并进行挂牌销售，交易中心锁定卖家3%交易保证金。

②卖家发布资源成功后，买家业务员即可在交易系统资源选购列表中查找到相应的资源并进行选购，可以对选购的资源进行议价；买家对采购量、价格、交收信息等进行确认后支付货款。

③买家支付货款后,货款由买家交易账户划入交易中心账户。接着,交易中心将货款划入卖家交易账户并锁定,买卖双方同时支付交易服务费。系统自动生成购销合同,该合同为买卖双方交易的法律依据。

④买家根据合同生成提单,并设置提单打印密码。一个合同可以开具多个提单,也可以由卖家根据合同生成送货单。

⑤买家打印提单,需要输入提单打印密码。

⑥买家凭打印的提单与货主联系提货。

⑦买家提货后先进行验货(数量、质量等),无异议的,需在交易中心输入支付密码进行验货确认。

⑧买家验货确认后,交易中心即可开始结算货款。首先,交易中心需要支付货款的80%(可设置)给卖家,若该合同存在需要退还给买家的货款,则同时退还相应的货款给买家。

⑨卖家收到货款后,即可在线下开具增值税发票给买家。

⑩买家收到发票后需在交易中心对卖家开具的发票进行到票确认,确认无误后,交易中心即可将卖家剩余的货款解冻。

⑪买家对交易过程进行评价。

⑫交易结束。

第二节 竞拍交易

竞拍交易是指卖方通过交易市场竞价交易系统,将商品的品牌、规格等主要属性和交货地点、交货时间、数量、底价等信息对外发布,由买方以向上出价方式进行公开竞价,按照价格优先的原则,在规定时间内以最高买价成交并签订电子购销合同,按合同约定进行实物交收的交易模式。

(一)实验目的

(1)掌握大宗商品电子交易平台中钢铁竞拍交易的过程。

(2)掌握大宗商品电子交易平台中钢铁竞拍交易的工作流程。

(3)熟悉大宗商品电子交易平台中钢铁竞拍交易的操作步骤。

（二）实验内容

本实验主要是通过大宗商品电子交易平台中钢铁竞拍交易模块展现大宗商品钢铁竞拍交易流程，使学生直观体验钢铁竞拍交易流程中角色的变化，认识买家、卖家、交易中心在大宗商品钢铁竞拍交易中的职能。通过实际操作演示，学生可以更加形象地理解大宗商品钢铁竞拍交易模式的特点与流程要点。

1. 实验角色分配

实验采用分角色的形式，为当前课堂中的学生分配买家、卖家、交易中心角色，整个流程需要几个角色共同工作才能完成。

卖家角色功能：线下账户充值、竞拍资源新增、场次设置、竞拍过程管理、竞拍结果管理、订单管理、订单支付管理、提单管理、发票管理。

买家角色功能：线下账户充值、竞拍选购、竞拍出价、订单管理、提单管理、验货确认管理、验票确认管理、评分。

交易中心角色功能：线下账户充值、线下充值受理、凭证审核、竞拍申请审核、购销余款释放。

2. 操作流程

（1）竞拍示例物资。

品名：螺纹钢；材质：HRB400；规格：直径 20mm、长 9m；生产厂家：柳钢；存货地：宁波物产物流基地；数量：5 件；重量：10.79 吨；单位：件；生产日期：2015-10-01；计量方式：理计；入库日期：2015-12-01；起拍价格：2120 元/吨；增价梯度：20 元/吨。

（2）钢铁竞拍交易流程。

图 5-4 为钢铁竞拍交易流程。

卖家	买家	交易中心

新增场次
1.卖家新增竞拍场次：确定场次名称、竞拍日、公告日、开始时间、结束时间、是否定向、竞拍规则、起拍价；增加竞拍资源信息
2.交易中心锁定卖家相应比例的保证金和公告费

交易中心对竞拍的时间、资源等信息进行核对。确认无误后，审核通过，收取相应的公告费。点击公告后竞拍生效

审核竞拍

竞标结束
1.若竞拍规则是价高者得，则系统自动判断是否有中标会员；若系统发现无任何会员中标，则系统自动释放买卖双方的保证金，本次竞拍流标；若系统发现有会员成交，则自动产生买卖双方的电子合同，并释放未中标会员的保证金
2.若竞拍规则是卖家会员手动评拍，则人工评选出中标会员

参与竞拍
买家参与竞拍，竞相出价，价高者得或人为选定

生成订单
1.买家对采购量、价格、是否代购等信息进行确认后生成合同
2.交易中心锁定买家一定比例的合同定金

支付货款
1.买家支付货款，同时支付一定的服务费(交易中心设置)
2.买家支付货款后，合同状态变更

生成提单
卖家根据合同生成提单

提货人维护
买家对提货人信息进行维护(确认提货人、车号、电话、身份证号等)

卖家进行实提维护操作，确定数量、重量等信息

实提维护

验货确认
买家对实际收到的货物进行验货确认

平台释放货款

交易中心第一次向卖家释放一定比例的货款(比例可设置)

卖家收到部分货款后为买家开具增值税发票

新增发票

到票确认
1.买家对收到的发票进行确认
2.如有异议可进行票据异议处理

购销余款释放

交易中心第二次向卖家释放余款

信用评分
买家根据交易过程对卖家进行评分

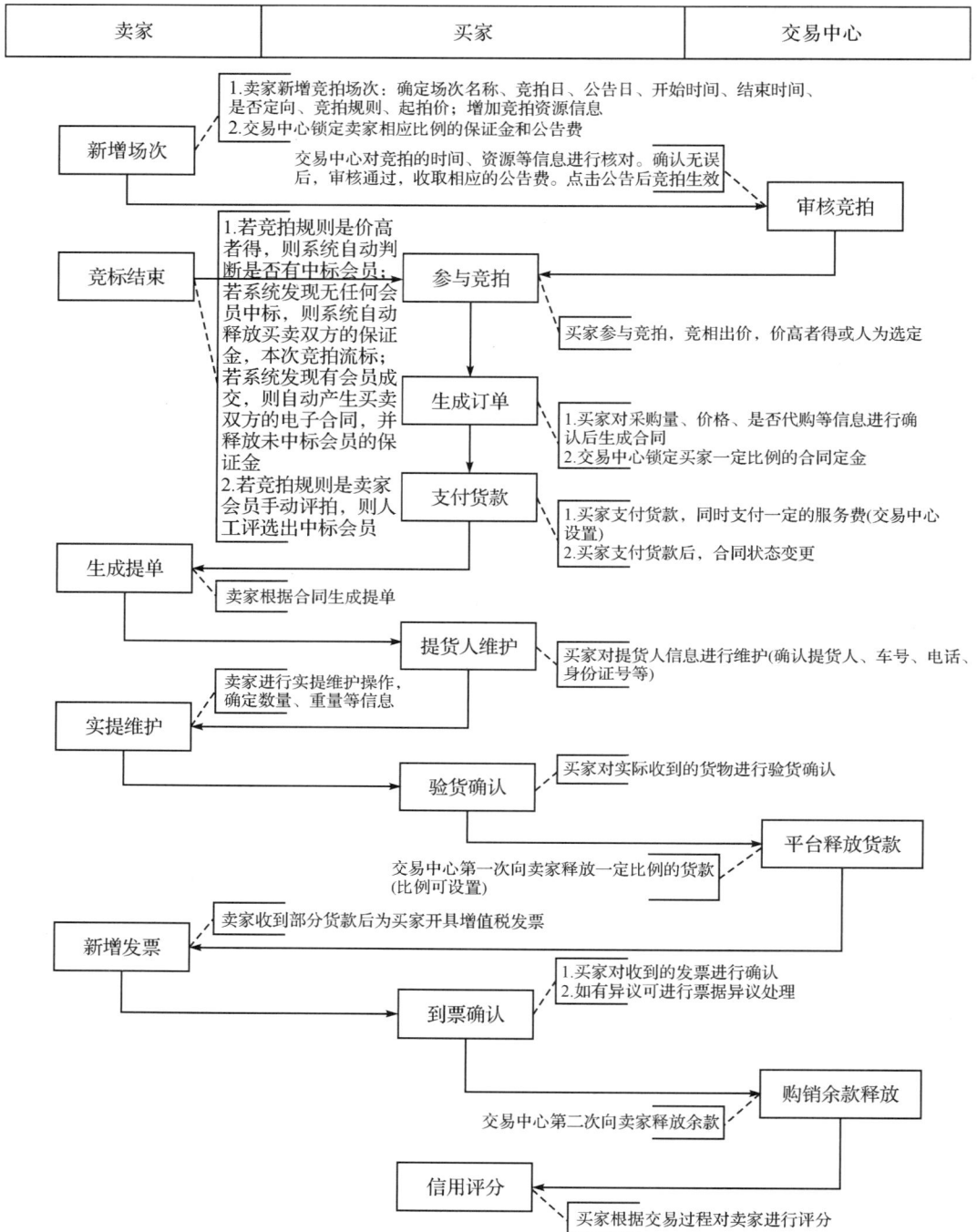

图 5-4 钢铁竞拍交易流程

(3)流程说明。

①交易买卖双方须注册为交易商后，才能参与竞拍交易，且买家有竞价权。

②资源维护完毕后,卖家需设置竞拍的场次信息。

③卖家设置完竞拍场次信息后,还需将竞拍信息提交到交易中心那里审核,交易中心同时锁定卖家相应比例的保证金和公告费。交易中心业务人员收到竞拍申请后,需对竞拍时间、资源等信息进行核对,其确定无误后,审核才能通过。交易中心会收取相应的公告费,点击公告后竞拍生效。

④竞拍价格要支持递减的查看方式,同时要在维护申请时选择竞拍的规则:价高者得或人为选定。

⑤竞拍生效时,交易中心将自动锁定卖家相应额度的竞拍保证金,并同时产生竞拍公告。

⑥买家可在网站上看到竞拍公告,并可参加该场次的竞拍。买家须缴纳一定的保证金,才能获取竞拍的出价资格,保证金不足时将给予提示。

⑦当竞拍开始后,买家可竞相出价,直到竞拍结束。

⑧当竞拍结束后,若竞拍规则是价高者得,则系统自动判断是否有中标会员。若系统发现无任何会员中标,则系统自动释放买卖双方的保证金,本次竞拍流标;若系统发现有会员成交,则自动产生买卖双方的电子合同,并释放未中标会员的保证金。若竞拍规则是卖家会员手动评拍,则人工评选出中标会员。

⑨竞拍流程结束。

(三)实验步骤

1.卖家角色

竞拍交易(卖家操作)

(1)新增资源。

功能:新增竞拍资源信息。

菜单:我是卖家—竞拍管理—竞拍资源。

操作员:卖家权限操作员。

具体操作步骤:

①点击"竞拍资源"。

②在"竞拍资源"界面中点击"资源新增",弹出"资源新增"界面。

③在"资源新增"界面中,"品名"下拉选择"螺纹钢","材质"下拉选择或输入"HRB400","规格直径"输入"20","生产厂家"下拉选择"柳钢","存货地"输入"宁波物产物流基地","数量"输入"5","单位"选择"件","重量"输入"10.79",生产日期指物资的生产日期,选择"2015-10-01","入库日期"选择"2015-12-01"。

④资源信息输入完成后,点击"确定",系统提示保存成功,界面跳转至竞拍界面。

（2）场次设置。

①新建场次。

功能:竞拍管理。

菜单:我是卖家—竞拍管理—场次设置—新建场次。

操作员:卖家权限操作员。

具体操作步骤:

a. 在列表中显示已增加的竞拍场次信息。

b. 输入查询条件,单击"查询",列表中会显示符合搜索条件的场次信息。

c. 点击"新建场次"按钮,系统显示"新建场次"界面。输入场次的明细信息（带红色＊为必须输入项）;场次名称表示场次的显示名称,输入"螺纹钢竞拍";开始时间表示场次开始的时间,输入"20:16";结束时间表示场次结束的时间,输入"20:20";"报盘方式"选择"单价报盘";"竞拍模式"选择"公开增价";"竞拍规则"选择"价高者得";"起拍价"输入"2120";"增加梯度"输入"20"。

d. 点击"增加资源",系统显示竞拍资源列表界面;选择竞拍的资源信息,点击"确定",系统返回场次界面。

e. 点击"保存",如录入数据符合条件,则系统提示保存成功。

说明:

a. 报盘方式分单价报盘和总价报盘。若为单价报盘,则总价格＝起拍价×总数量;若为总价报盘,则平均价格＝起拍价÷总数量。

b. 竞拍规则有"价高者得"与"人为选定"两种。在"人为选定"模式下,竞拍发起者自己选定最后的中拍者。

②提交场次。

功能:对保存成功的场次进行提交。

菜单:我是卖家—竞拍管理—场次设置—提交场次。

具体操作步骤:

a.在列表中显示已增加的待竞拍场次信息。

b.在需要提交的场次后,点击"提交场次",如果日期符合条件,则系统显示提交成功。

(3)竞拍过程。

功能:查看正在进行的竞拍场次。

菜单:我是卖家—竞拍管理—竞拍过程。

操作员:卖家权限操作员。

具体操作步骤:在列表中显示正在进行的场次信息。

(4)结果查询。

功能:查看已结束的竞拍场次。

菜单:我是卖家—竞拍管理—结果查询。

操作员:卖家权限操作员。

具体操作步骤:

①在列表中显示已结束的场次信息。

②点击"查看合同",查看竞拍场次结束后买卖双方达成的合同的信息。

(5)生成提单。

功能:买家付款后卖家生成提单。

菜单:我是卖家—合同管理。

操作员:卖家权限操作员。

具体操作步骤:

①在需要生成提单的合同信息后,点击"生成提单",系统显示"生成提单"界面。

②维护提货数量和提货重量,点击"下一步",进入提单信息确认界面。

③点击"确认",系统显示确认提示框,点击"确定"后,系统提示生成提单成功。

(6)打印提单。

功能:打印提单给买家作为买家到仓库的提货凭证。

菜单:我是卖家—提单管理。

操作员:卖家权限操作员

具体操作步骤：

①在需要打印的提单后,点击"打印提单",系统显示打印预览界面。

②点击"打印",如果电脑已连接打印机,则打印机会打印纸质提单,系统显示打印成功。

（7）实提维护。

功能：实提维护。

菜单：我是卖家—提单管理。

操作员：卖家权限操作员。

具体操作步骤：

①在需要实提维护的提单后,点击"实提维护",系统显示"实提维护"界面。

②在"实提维护"界面中维护实提数量、实提重量信息,实提信息是在买家提货后显示的实际出库量信息。

③点击"实提",系统显示确认提示框,点击"确定",系统提示实提维护成功。

（8）新增发票。

功能：进行开票操作。

菜单：我是卖家—发票管理。

操作员：卖家权限操作员。

具体操作步骤：

①点击"新增发票",系统显示新增发票界面,列表显示所有待开发票的提单信息。

②勾选需开具发票的提单,录入发票号码、交票方式与开票金额。发票号码表示实际开具发票的号码,交票方式表示发票开具后交予买家的方式。

③点击"保存",系统提示确认后,新增发票成功。

2.买家角色

竞拍交易(买家操作)

（1）参与竞拍。

功能：买家参与竞拍。

菜单:我是买家—竞拍选购—参加竞拍。

操作员:买家权限操作员。

具体操作步骤:

①点击"资源信息"按钮,查看资源信息明细记录。

②点击"我要参加"按钮,系统显示参加竞拍界面,点击"同意"后,可参加相应的竞拍场次。

(2)竞拍出价。

功能:竞拍管理。

菜单:我是买家—竞拍选购—竞拍出价。

操作员:买家权限操作员。

具体操作步骤:

①在界面中显示已参加竞拍的场次信息。

②出价:可设置出价梯度,自动计算出价价格,点击"出价"按钮,完成出价操作。

③委托出价:设置一个价格与出价梯度。设定好价格与出价梯度后,单击"委托出价"按钮,设定成功。当出价梯度超过设定的价格时,系统自动按照所设定的出价梯度,自动出价。

④取消委托:对应"委托出价"。当点击"委托出价"后,按钮亮起;点击"取消委托"后,退出委托出价界面。

⑤一口价:按照竞拍场次中设定的一口价成交金额完成竞拍。点击后自动完成竞拍。

⑥退出本场竞拍:退出本场次的出价界面。

(3)结果查询。

功能:查看已结束的竞拍场次。

菜单:我是买家—竞拍选购—结果查询。

操作员:买家权限操作员。

具体操作步骤:

①在列表中显示已结束的场次信息。

②点击"查看合同",查看竞拍场次结束后买卖双方达成的合同的信息。

(4)支付货款。

功能:竞拍订单生成后买家支付货款。

菜单:我是买家—合同管理。

操作员:买家权限操作员。

具体操作步骤:

①在需要付款的合同后点击"申请支付",系统弹出支付清单预览界面,点击"确认",提交支付清单,系统显示付款界面。

②在付款界面输入支付密码,点击"立即支付",系统提示"是否确认支付"。

③点击"确定",支付成功。

(5)验货确认。

功能:买家收验货物后在线上进行确认。

菜单:我是买家—提单管理。

操作员:买家权限操作员。

具体操作步骤:

①在需要进行验货确认的提单后,点击"验货确认",系统显示验货确认界面。

②输入支付密码,点击"验货确认",系统提示"您提交验货确认后,平台立即解冻卖方90%货款,是否继续"。

③点击"确定",系统显示验货确认成功。

(6)到票确认。

功能:买家收到卖家开具的发票后在线上进行确认操作。

菜单:我是买家—发票管理。

操作员:买家权限操作员。

具体操作步骤:

①在收到卖家开具的发票后,点击"到票确认",系统显示到票确认界面。

②点击"到票确认"后,系统提示"确认要到票确认"。

③点击"确定",到票确认成功。

(7)评分。

功能:买家对本次交易进行评分。

菜单:我是买家—合同管理。

操作员:买家权限操作员。

具体操作步骤:

①点击"已完成的合同",再点击"评分",系统显示提交评分界面。

②根据卖家的服务进行评分。

③点击"提交评分",系统提示"据交易规则一个合同只能进行一次评分而且不能修改,确认对卖家评分",点击"确定"后完成评分。

④点击"返回合同",返回到合同管理界面。

3.交易中心角色

竞拍交易(平台方操作)

(1)竞拍申请审核。

功能:对会员向交易中心提交的竞拍申请进行审核。

菜单:钢铁系统—竞拍管理—竞拍申请审核。

操作员:交易中心。

具体操作步骤:

①勾选需要进行审核的竞拍单。

②点击"审核",系统显示竞拍申请审核确认界面。

③点击"审核通过",系统显示审核通过提示。

④点击"确定",审核成功,发布公告。

(2)货款释放。

功能:对交易合同的货款进行释放。

菜单:钢铁系统—结算管理—购销余款释放。

操作员:交易中心。

具体操作步骤:

①选中需要释放货款的提单,点击"释放冻结款",系统显示购销余款释放界面。

②点击"确定",系统显示货款释放成功。

说明:

①买家验货确认后可以进行第一次部分合同货款释放。

②交易流程结束(买家到票确认)后进行第二次剩余合同货款释放。

③第一次部分合同货款没释放的情况下是不允许释放第二次需要释放的货物余款的。

（四）实验要求

（1）在课堂内按要求进行分角色操作,熟练掌握各个操作步骤。

（2）课堂操作:在教师指导下完成大宗商品钢铁竞拍交易的所有流程(每个角色)。

（3）考核操作:在无教师指导下完成大宗商品钢铁竞拍交易的所有流程(每个角色)。

（五）实验数据

（1）品名:螺纹钢;材质:HRB335E;规格:直径 16mm、长 9m;生产厂家:武钢;数量:10 件;单位:件;重量:24.17 吨;计量方式:理计;生产日期:2016-11-11。

（2）品名:盘螺;材质:HRB335E;规格:8mm;生产厂家:安钢;数量:2 件;单位:件;重量:4 吨;计量方式:磅计;生产日期:2016-11-11。

（3）品名:花纹卷板;材质:Q235B;规格:直径 6.35mm、长 1.5m;生产厂家:安钢;数量:1 件;单位:件;重量:9.78 吨;计量方式:磅计;生产日期:2016-11-11。

（4）品名:中厚板;材质:Q345B;规格:直径 56mm、长 2.5m;生产厂家:安钢;数量:5 件;单位:件;重量:18.65 吨;计量方式:磅计;生产日期:2016-11-11。

第三节　竞标交易

竞标交易是指买方通过交易市场竞标交易系统,将需采购商品的品牌、规格等主要属性和交货地点、交货时间、数量、底价等信息对外发布,由卖方以向下出价方式进行公开竞价,按照价格优先的原则,在规定时间内以最低买价成交并签订电子购销合同,按合同约定进行实物交收的交易模式。

（一）实验目的

（1）掌握大宗商品电子交易平台中钢铁竞标交易的过程。

（2）掌握大宗商品电子交易平台中钢铁竞标交易的工作流程。

（3）熟悉大宗商品电子交易平台中钢铁竞标交易的操作步骤。

（二）实验内容

本实验主要是通过大宗商品电子交易平台中钢铁竞标交易模块展现大宗商品钢铁竞标交易流程，使学生直观体验钢铁竞标交易流程中角色的变化，认识买家、卖家、交易中心在大宗商品钢铁竞标交易中的职能。通过实际操作演示，学生可以更加形象地理解大宗商品钢铁竞标交易模式的特点与流程要点。

1. 实验角色分配

实验采用分角色的形式，为当前课堂中的学生分配买家、卖家、交易中心角色，整个流程需要几个角色共同工作才能完成。

卖家角色功能：线下账户充值、参与竞标、提单管理、实提维护、发票管理。

买家角色功能：线下账户充值、场次新增、竞标管理、订单管理、订单支付管理、提货人管理、验货确认管理、验票确认管理、评分。

交易中心角色功能：线下账户充值、线下充值受理、凭证审核、竞标审核、购销余款释放、平台余款释放。

2. 操作流程

（1）竞标资源示例。

大类：线材；品种：钢筋；品名：螺纹钢；材质：HRB400；规格：直径20mm、长9m；生产厂家：柳钢；存货地：宁波物产物流基地；竞标数量：5件；竞标重量：10.79吨；最小应标量：5吨；价格上限：2100元/吨。

（2）钢铁竞标交易流程。

图 5-5 为钢铁竞标交易流程。

卖家	买家	交易中心

1.买家新增竞标场次信息：包括场次名称、竞标保证金、新增场次金、是否锁定保证金、竞标开始时间、竞标结束时间、评标结束时间、指定地点等
2.交易中心锁定卖家相应比例的保证金和公告费

新增场次

审核竞标

参与竞标

1.交易中心审核竞标信息，设置买家保证金额度(可以设置为0)
2.审核通过后，竞标生效，系统自动冻结买家保证金，并发布竞标公告

卖家参与竞标

竞标结束

1.竞标结束，符合规则的自动评标，或由买家评标
2.单位提交的评标结果，若交易中心审核通过，则生成供货框架协议及电子合同，若审核不通过，则流标

生成订单

1.买家对采购量、价格、是否代购等信息进行确认后生成合同
2.系统锁定买家一定比例的合同定金

支付货款

1.买家支付货款，同时支付一定数额的服务费(交易中心设置)
2.买家支付货款后，合同状态变更，由卖家生成提单

卖家根据合同生成提单

生成提单

提货人维护

买家对提货人信息(提货人、车号、电话、身份证号等)进行维护

卖家进行实提维护操作，确定数量、重量等信息

实提维护

验货确认

买家对实际收到的货物进行验货确认

平台释放货款

交易中心第一次向卖家释放一定比例的货款(比例可设置)

新增发票

卖家收到部分货款后为买家开具增值税发票

1.买家对收到的发票进行确认
2.如有异议可进行票据异议处理

到票确认

购销余款释放

交易中心第二次向卖家释放余款

信用评分

买家根据交易过程对卖家进行评分

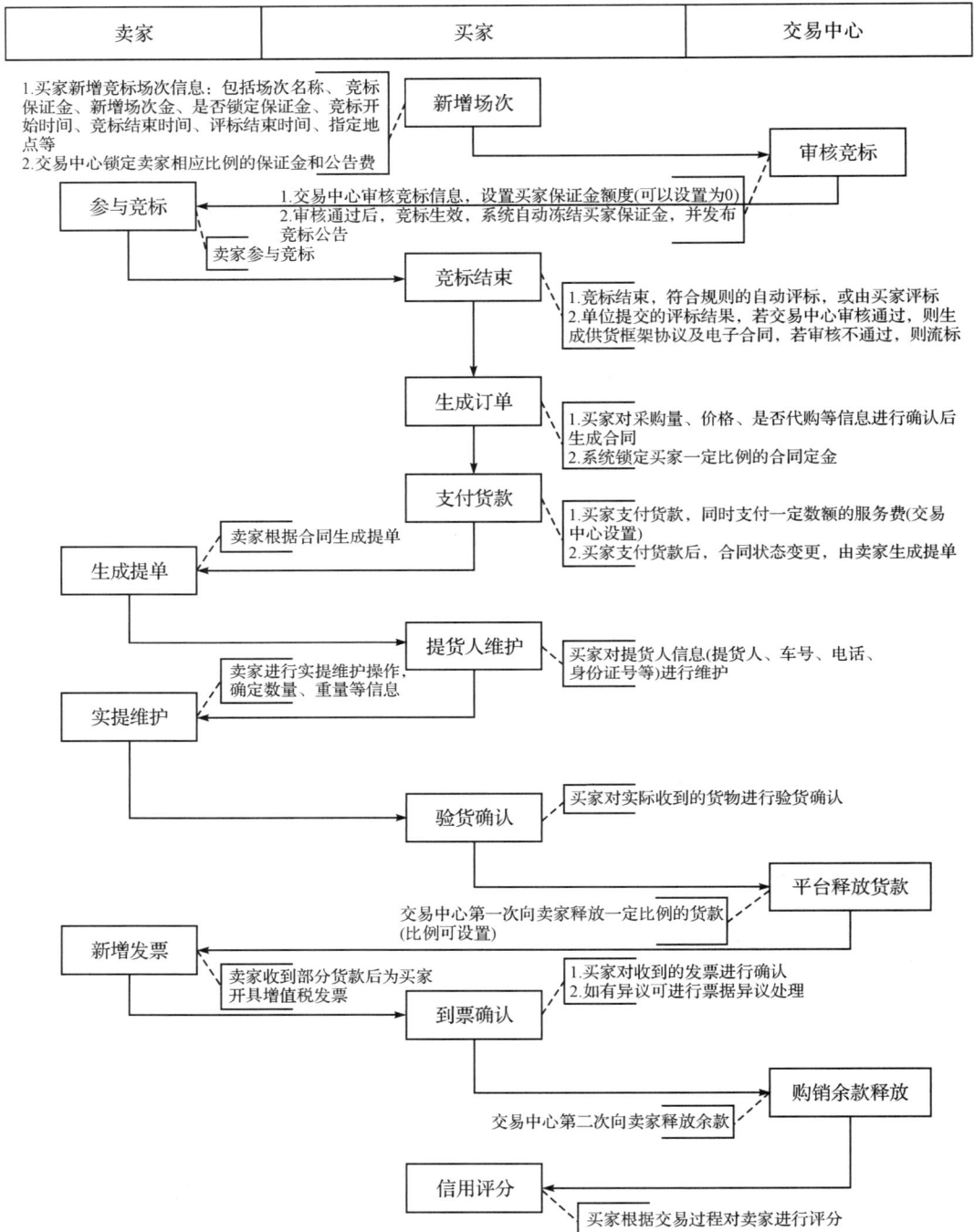

图 5-5　钢铁竞标交易流程

（3）流程说明。

①买家发布竞标信息。竞标信息分场次信息（主体信息）和明细信息（物资信

息），买家设置好竞标信息，提交交易中心审核。

②交易中心在审核时，设置买家保证金额度（可以设置为 0）。审核通过后，竞标生效，系统自动冻结买家的保证金，并发布竞标公告。

③竞标公告发布后，卖家选择相应场次并提交"竞标出价"。若买家设置了定向会员，则只有定向会员有权竞标出价。

④竞标结束，符合规则的自动评标，或由买家评标。

⑤单位提交的评标结果，若交易中心审核通过，则生成供货框架协议及电子合同；若审核不通过，则流标。

⑥竞标流程结束。

(三)实验步骤

1. 买家角色

(1)场次设置。

①新增场次。

功能：竞标管理。

菜单：我是买家—竞标管理—场次管理—新增场次。

操作员：买家权限操作员。

具体操作步骤：

a. 在列表中显示已增加的竞标场次信息。

b. 输入查询条件，单击"查询"，列表会显示符合搜索条件的场次信息。

c. 点击"新增场次"按钮，系统显示新增场次界面，输入场次信息和明细信息（带红色 * 为必须输入项）。"场次名称"为场次的显示名称，输入"螺纹钢竞标"；"竞标开始时间"表示场次开始的时间，输入"2016-08-11 17：00"；"竞标结束时间"表示场次结束的时间，输入"2016-08-11 17：20"；"评标结束时间"的设置用来确定评标最后的截止时间，当系统时间超过设置的评标结束时间，该场次由系统自动设置为流标状态；"付款截止日期"是竞标成功后买家付款的截止时间，输入"2016-08-12"；"报价方式"选择"总体报价"；"竞标方保证金"选择"锁定"；"竞标方保证金"输入"1000"；"指定地点"输入"宁波物产物流基地"；"货物所在区域范围"输入"宁波物产物流基地"。

d. 在物资信息界面，"大类"下拉选择"线材"，"品种"下拉选择"钢筋"，"品名"

下拉选择"螺纹钢","材质"输入"HRB400","规格"输入"20 * 9","生产厂家"下拉选择"柳钢","竞标数量"输入"5","竞标重量"输入"10.79","最小应标量"输入"5","价格上限"输入"2100","生产日期"选择"2015 年 9 月"。

e.点击"保存",若录入的数据符合条件,则系统提示保存成功。

②提交场次。

功能:对保存成功的场次进行提交。

菜单:我是买家—竞标管理—场次管理—提交场次。

操作员:买家权限操作员。

具体操作步骤:

a.在列表中显示已增加的待竞标场次信息。

b.在需要提交的场次后,点击"提交场次",如果日期符合条件,则系统显示提交成功。

(2)竞标过程。

功能:查看正在进行的竞标场次。

菜单:我是买家—竞标管理—竞标过程。

操作员:买家权限操作员。

具体操作步骤:在列表中显示正在进行的场次信息。

(3)场次评标。

功能:竞标结束后就开始评标。

菜单:我是买家—竞标管理—场次评标。

操作员:买家权限操作员。

具体操作步骤:

①点击"中标",系统显示场次评标界面。

②"评标重量"输入"10.79",点击"保存并提交",系统提示提交成功,买家与卖家达成合作,系统生成购销合同。

③点击"流标",买家未与卖家达成合作,竞标业务终止。

(4)结果查询。

功能:查看已结束的竞标场次。

菜单:我是买家—竞标管理—结果查询。

操作员:买家权限操作员。

具体操作步骤:在列表中显示已结束的场次信息。

(5)支付货款。

功能:竞标订单生成后买家支付货款。

菜单:我是买家—合同管理。

操作员:买家权限操作员。

具体操作步骤:

①在付款界面输入支付密码,点击"立即支付",系统提示"是否确认支付"。

②点击"确定",支付成功。

(6)验货确认。

功能:买家收验货物后,在线上确认收验货物。

菜单:我是买家—提单管理。

操作员:买家权限操作员。

具体操作步骤:

①在需要进行验货确认的提单后,点击"验货确认",系统显示验货确认界面。

②输入支付密码,点击"验货确认",系统提示"您提交验货确认后,平台立即解冻卖方 90%货款,是否继续"。

③点击"确定",系统显示验货确认成功。

(7)到票确认。

功能:买家收到卖家开具的发票后在线上进行确认操作。

菜单:我是买家—发票管理。

操作员:买家权限操作员。

具体操作步骤:

①在收到卖家开具的发票后,点击"到票确认",系统显示到票确认界面。

②点击"到票确认"后,系统提示"确认要到票确认"。

③点击"确定",到票确认成功。

(8)评分。

功能:买家对本次交易进行评分。

菜单:我是买家—合同管理。

操作员:买家权限操作员。

具体操作步骤:

①点击"已完成的合同",在需要评分的已完成合同后,点击"评分",系统显示评分界面。

②根据卖家的服务进行评分。

③点击"提交评分",系统提示"据交易规则一个合同只能进行一次评分而且不能修改,确认对卖家评分",点击"确定"完成评分。

④点击"返回合同",返回到合同管理界面。

2. 卖家角色

(1)参与竞标。

功能:卖家参与竞标。

菜单:我是卖家—应标管理—应标场次。

操作员:卖家权限操作员。

具体操作步骤:

①点击"应标出价"按钮,系统显示出价场次界面。

②"报价"输入"2000","最小可供量"输入"10.79","最大可供量"输入"10.79","存货地"下拉选择"宁波物产物流基地"。

③点击"出价预览"按钮,系统显示出价预览界面,点击"出价并提交",系统提示出价成功。

(2)结果查询。

功能:查看已结束的竞标场次。

菜单:我是卖家—应标管理—竞标结果。

操作员:卖家权限操作员。

具体操作步骤:在列表中显示已结束的场次信息。

(3)生成提单。

功能:货款支付后生成提单。

菜单:我是卖家—合同管理。

操作员:卖家权限操作员。

具体操作步骤:

①在需要生成提单的合同信息后,点击"生成提单",系统显示生成提单界面。

②维护提货数量和提货重量,点击"下一步",进入提单信息确认界面。

③点击"确认",系统显示确认提示框,点击"确定"后,系统提示生成提单成功。

（4）打印提单。

功能：打印提单给买家作为买家到仓库的提货凭证。

菜单：我是卖家—提单管理。

操作员：卖家权限操作员。

具体操作步骤：

①在需要打印的提单后，点击"打印提单"，系统显示打印预览界面。

②点击"打印"，如果电脑已连接打印机，则打印机会打印纸质提单，系统显示打印成功。

（5）实提维护。

功能：实提维护。

菜单：我是卖家—提单管理。

操作员：卖家权限操作员。

具体操作步骤：

①在需要实提维护的提单后，点击"实提维护"，系统显示实提维护界面。

②在实提维护界面中维护实提数量、实提重量信息，实提信息是在买家提货后显示的实际出库量信息。

③点击"实提"，系统显示确认提示框，点击"确定"后，系统提示实提维护成功。

（6）新增发票。

功能：对提单进行开票操作。

菜单：我是卖家—发票管理。

操作员：卖家权限操作员。

具体操作步骤：

①点击"新增发票"，系统显示新增发票界面，列表显示所有待开发票的提单信息。

②勾选需开具发票的提单，录入发票号码、交票方式与开票金额。发票号码表示实际开具发票的号码，交票方式表示发票开具后交予买家的方式。

③点击"保存"，系统提示确认后，新增发票成功。

3. 交易中心角色

（1）竞标申请审核。

功能：对买家在竞标交易中提交的申请进行审核。

菜单:钢铁系统—竞标管理—竞标申请审核。

操作员:交易中心。

具体操作步骤:

①选择需要进行审核的竞标单。

②点击"审核",系统显示竞标申请审核确认界面。

③点击"同意",系统显示审核通过提示。

④点击"确定",审核成功,发布公告。

(2)货款释放。

功能:对交易合同的货款进行释放。

菜单:钢铁系统—结算管理—购销余款释放。

操作员:交易中心。

具体操作步骤:

①选中需要释放货款的提单,点击"释放冻结款",系统显示购销余款释放界面。

②点击"确定",系统显示购销余款释放成功。

说明:

①买家验货确认后可以进行第一次部分合同货款释放。

②交易流程结束(买家到票确认)后进行第二次剩余合同货款释放。

③第一次部分合同货款没释放的情况下是不允许释放第二次需要释放的货物余款的。

(四)实验要求

(1)在课堂内按要求进行分角色操作,熟练掌握各个操作步骤。

(2)课堂操作:在教师指导下完成大宗商品钢铁竞标交易的所有流程(每个角色)。

(3)考核操作:在无教师指导下完成大宗商品钢铁竞标交易的所有流程(每个角色)。

(五)实验数据

(1)品名:螺纹钢;材质:HRB335E;规格:直径 10mm、长 9m;生产厂家:萍钢;数量:10 件;单位:件;重量:23.88 吨;计量方式:理计;生产日期:2016-11-11。

（2）品名：盘螺；材质：HRB335E；规格：直径 10mm；生产厂家：安钢；数量：10件；单位：件；重量：22 吨；计量方式：磅计；生产日期：2016-11-11。

（3）品名：花纹卷板；材质：Q235B；规格：直径 3.25mm、长 1.5m；生产厂家：安钢；数量：1 件；单位：件；重量：7.35 吨；计量方式：磅计；生产日期：2016-11-11。

（4）品名：中厚板；材质：Q345B；规格：直径 68mm、长 2.5m；生产厂家：安钢；数量：10 件；单位：件；重量：28.4 吨；计量方式：磅计；生产日期：2016-11-11。

第四节　专场交易

专场交易是指由交易平台根据市场发展的需要和交易商的需求，专门为某交易商或某交易商品或某地区等开设单交易模式或多交易模式的专场。

（一）实验目的

（1）掌握大宗商品电子交易平台中钢铁专场交易的过程。

（2）掌握大宗商品电子交易平台中钢铁专场交易的工作流程。

（3）熟悉大宗商品电子交易平台中钢铁专场交易的操作步骤。

（二）实验内容

本实验主要是通过大宗商品电子交易平台中钢铁专场交易模块展现大宗商品钢铁专场交易流程，使学生直观体验钢铁专场交易流程中角色的变化，认识买家、卖家、交易中心在大宗商品钢铁专场交易中的职能。通过实际操作演示，学生可以更加形象地理解大宗商品钢铁专场交易模式的特点与流程要点。

1. 实验角色分配

实验采用分角色的形式，为当前课堂中的学生分配买家、卖家、交易中心角色，整个流程需要几个角色共同工作才能完成。

卖家角色功能：线下账户充值、专场挂牌、提单管理、实提维护、发票管理。

买家角色功能：线下账户充值、购物车管理、订单管理、订单支付管理、提货人管理、验货确认管理、验票确认管理、评分。

交易中心角色功能：线下账户充值、线下充值受理、凭证审核、专场设置、购销余款释放、平台余款释放。

2.操作流程

(1)资源示例。

品名:螺纹钢;材质:HRB400;规格:直径 20mm、长 9m;生产厂家:柳钢;存货地:宁波物产物流基地;数量:5 件;重量:10.79 吨;挂牌价:2100 元/吨。

(2)钢铁专场交易流程。

图 5-6 为钢铁专场交易流程。

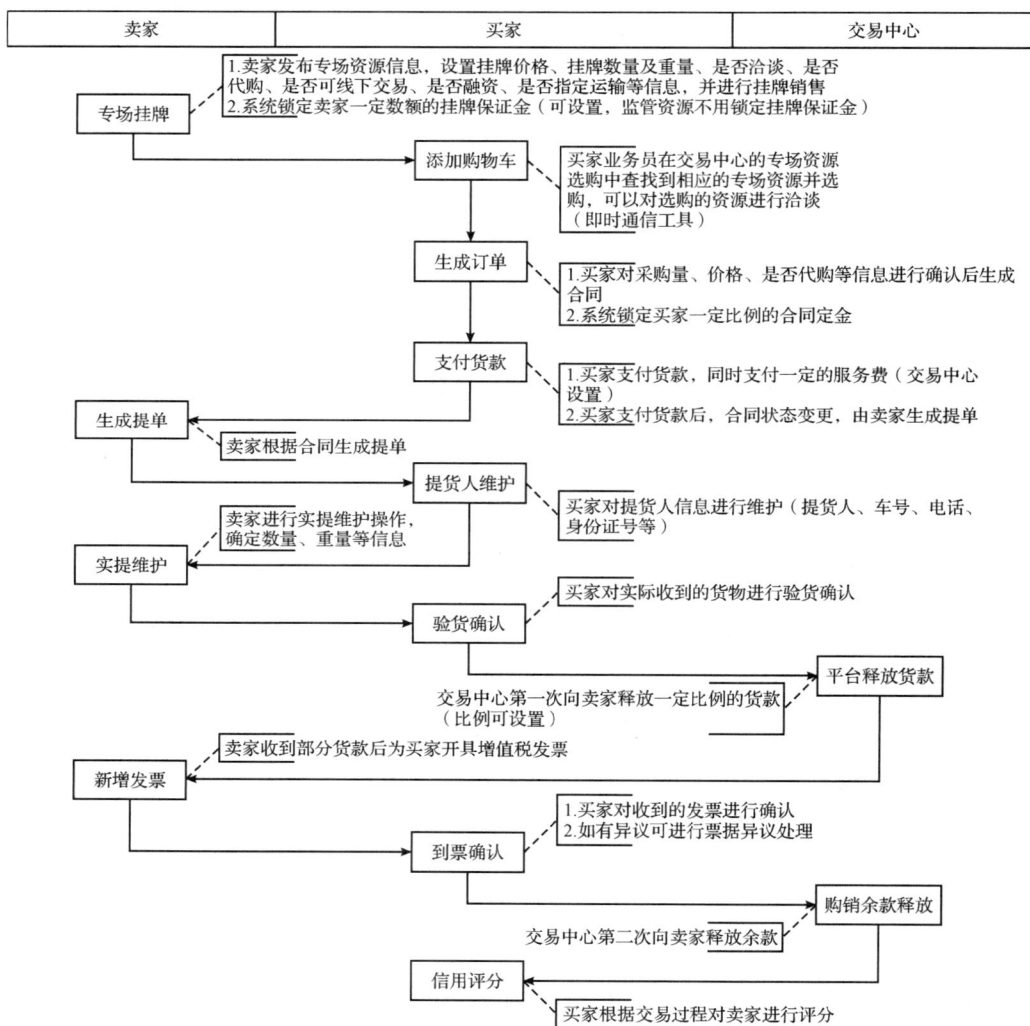

图 5-6　钢铁专场交易流程

(3)流程说明。

①卖家发布专场资源信息,设置挂牌价格、挂牌数量及重量、是否洽谈、是否

代购、是否可线下交易、是否融资、是否指定运输等信息，并进行挂牌销售；系统锁定卖家一定数额的挂牌保证金（可设置，监管资源不用锁定挂牌保证金）。

②卖家发布专场资源信息成功后，买家业务员即可在交易系统的专场资源选购中查找到相应的专场资源并选购，可以对选购的资源进行洽谈（即时通信工具）；买家对采购量、价格、是否代购等信息进行确认后生成合同，同时系统锁定买家一定比例的合同定金，该合同为买卖双方交易的法律依据。

③买家支付货款后，货款将由买家交易账户划入交易中心账户并锁定，买家同时支付交易服务费（买家服务费可设置）。

④买家支付货款后，合同状态变更，由卖家生成提单。

⑤卖家根据合同生成提单，针对一个合同可以开具多个提单。

⑥买家进行提货人信息维护，录入提货车号、提货人等信息。

⑦卖家进行实提维护操作，确认最终实提量后待买家进行验货确认。

⑧买家进行验货确认后，交易中心即可开始结算货款。首先，交易中心释放一定比例的货款（比例可设置）给卖家，若该合同存在需要退还给买家的货款，则同时退还相应的货款给买家，比如在实提量小于合同量的情况下。

⑨卖家收到部分货款后，即可开具增值税发票给买家。

⑩买家收到发票后在交易平台上对卖家开具的发票进行到票确认。

⑪交易中心对合同最后锁定的余款进行购销余款释放。

⑫买家根据交易过程对卖家进行评分。

⑬交易结束。

（三）实验步骤

1. 卖家角色

专场交易（卖家操作）

（1）资源专场发布。

功能：增加钢铁资源信息并进行专场发布。

菜单：我是卖家—挂牌管理。

操作员:卖家权限操作员。

具体操作步骤:

①点击"挂牌管理",再点击"未挂牌资源"。

②在未挂牌资源中点击"新增资源",弹出资源新增界面。

③在资源新增界面中,"品名"下拉选择"螺纹钢","材质"下拉选择或输入"HRB400","规格直径"输入"20","规格长"输入"9","生产厂家"下拉选择"柳钢","存货地"输入"宁波物产物流基地","数量"输入"5","单位"选择"件","重量"输入"10.79","计量方式"选择"理计","生产日期"输入"2015-08-09","是否议价"选择"一口价"。

④资源信息输入完成后,点击"保存",系统提示保存成功,界面跳转至未挂牌资源界面。

⑤勾选需要挂牌的资源(系统默认勾选),点击"专场发布",系统显示资源专场发布界面,输入挂牌价"2100",点击"发布挂牌"。

⑥系统提示资源已发布,并锁定挂牌保证金,点击"确定",完成钢铁资源新增并发布的操作。

(2)生成提单。

功能:买家支付货款后由卖家生成提单。

菜单:我是卖家—合同管理。

操作员:卖家权限操作员。

具体操作步骤:

①在需要生成提单的合同信息后,点击"生成提单",系统显示生成提单界面。

②维护提货数量和提货重量,点击"下一步",进入提单信息确认界面。

③点击"确认",系统显示确认提示框,点击"确定"后,系统提示生成提单成功。

(3)打印提单。

功能:打印提单给买家作为买家到仓库的提货凭证。

菜单:我是卖家—提单管理。

操作员:卖家权限操作员。

具体操作步骤:

①在需要打印的提单后,点击"打印提单",系统显示打印预览界面。

②点击"打印",如果电脑已连接打印机,则打印机会打印纸质提单,系统显示

打印成功。

(4)实提维护。

功能:实提维护。

菜单:我是卖家—提单管理。

操作员:卖家权限操作员。

具体操作步骤:

①在需要实提维护的提单后,点击"实提维护",系统显示实提维护界面。

②在实提维护界面中维护实提数量、实提重量信息,实提信息是在买家提货后显示的实际出库量信息。

③点击"实提",系统显示确认提示框,点击"确定"后,系统提示实提维护成功。

(5)新增发票。

功能:卖家对买家生成的提单进行开票操作。

菜单:我是卖家—发票管理。

操作员:卖家权限操作员。

具体操作步骤:

①点击"新增发票",系统显示新增发票界面,列表显示所有待开发票的提单信息。

②勾选需开具发票的提单,录入发票号码与交票方式、开票金额。发票号码指实际开具发票的号码,交票方式指发票开具后交予买家的方式。

③点击"保存",系统提示确认后,新增发票成功。

2.买家角色

专场交易(买家操作)

(1)专场资源采购。

功能:买家采购专场资源。

菜单:我是买家—专场交易。

操作员:买家权限操作员。

具体操作步骤：

①买家登录平台后，点击"专场交易"选项，进入专场资源选购界面。

②在需要购买的资源后，点击"加入购物车"，系统显示"已加入"。

③点击"购物车"，系统显示购物车界面。

④勾选"物资"，点击"预览"，系统显示合同预览界面，输入支付密码，点击"同意并付款"，系统提示"是否确定生成合同"，点击"确定"，系统显示合同生效。

（2）支付货款。

功能：订单生成后买家支付货款。

菜单：我是买家—合同管理。

操作员：买家权限操作员。

具体操作步骤：

①在需要付款的合同后点击"申请支付"，系统弹出支付清单预览界面，点击"确认"，提交支付清单，系统显示付款界面。

②在付款界面中输入支付密码，点击"立即支付"，系统提示"是否确认支付"。

③点击"确定"，支付成功。

（3）验货确认。

功能：买家收验货物后，在线上确认收验货物。

菜单：我是买家—提单管理。

操作员：买家权限操作员。

具体操作步骤：

①在需要进行验货确认的提单后，点击"验货确认"，系统显示验货确认界面。

②输入支付密码，点击"验货确认"，系统提示"您提交验货确认后，平台立即解冻卖方 90%货款，是否继续"。

③点击"确定"，系统显示验货确认成功。

（4）到票确认。

功能：买家收到卖家开具的发票后在线上进行确认操作。

菜单：我是买家—发票管理。

操作员：买家权限操作员。

具体操作步骤：

①在收到卖家开具的发票后，点击"到票确认"，系统显示到票确认界面。

②点击"到票确认"后，系统提示"确认要到票确认"。

③点击"确定"，到票确认成功。

④买方对本次交易进行评分。

专场交易（平台方操作）

第五节 会员商铺交易

网上商城是指在互联网上建设的"多个商铺对多个采购者"的大型商城，实行"多对多"的线上交易模式，各供货商可以在网上商城分别建立自己的网上商铺，各采购者可以浏览各商铺展示的在售商品，进行在线购物。网上商城为供货商提供便利的自助开店、展示商品和店铺管理功能，为采购者提供方便的检索商品、浏览店铺、在线购物服务，为商城管理人员提供对会员商铺及整个商城的后台管理功能。

（一）实验目的

（1）掌握大宗商品电子交易平台中会员商铺交易的过程。

（2）掌握大宗商品电子交易平台中会员商铺交易的工作流程。

（3）熟悉大宗商品电子交易平台中会员商铺交易的操作步骤。

（二）实验内容

本实验主要是通过大宗商品电子交易平台中会员商铺交易模块展现大宗商品会员商铺交易流程，使学生直观体验会员商铺交易流程中角色的变化，认识买家、卖家、交易中心在大宗商品会员商铺交易中的职能。通过实际操作演示，学生可以更加形象地理解大宗商品会员商铺交易模式的特点与流程要点。

1. 实验角色分配

实验采用分角色的形式，为当前课堂中的学生分配买家、卖家、交易中心角色，整个流程需要几个角色共同工作才能完成。

卖家角色功能:线下账户充值、资源新增、资源挂牌。

买家角色功能:线下账户充值、商城进入、订单管理、订单支付管理、提单管理、验货确认管理、验票确认管理。

交易中心角色功能:线下账户充值、线下充值受理、凭证审核、商铺新增、模板添加、模板启用。

2. 操作流程

(1)资源示例。

种类:塑料原料;品名:ABS;牌号:0215A;厂商:吉林石化;用途级别:通用级;质量标准:国标正牌;包装规格:25 千克/包;销售数量:10 吨;起订量:10 吨;销售单价:11000 元/吨;提货方式:自提;有效期:3 天;交货地:浙江省宁波市镇海区物产物流基地;交货仓库:宁波物产物流基地。

(2)会员商铺交易流程。

塑料商城会员商铺交易流程如图 5-7 所示。

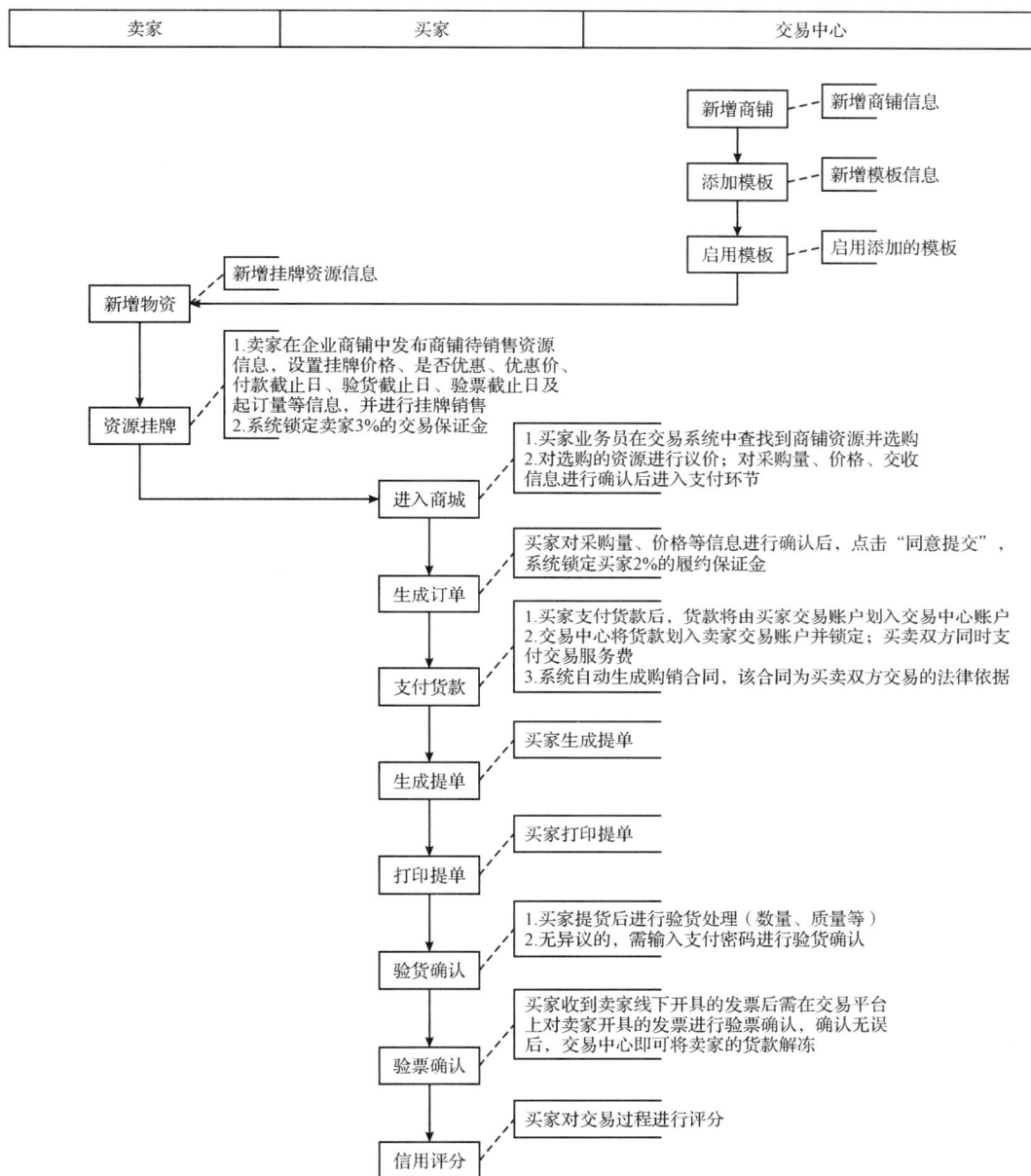

图 5-7　塑料商城会员商铺交易流程

（3）流程说明。

①交易中心新增商铺，设置模板并启用模板。

②卖家在企业商铺中发布商铺待销售资源信息，设置挂牌价格、是否优惠、优惠价、付款截止日、验货截止日、验票截止日及起订量等信息，并进行挂牌销售，系

统锁定卖家 3%的交易保证金。

③卖家发布资源成功后,买家业务员即可在交易系统资源选购中查找到相应的商铺资源并选购,可以对选购的资源进行议价;买家对采购量、价格、交收信息进行确认后进入支付环节。

④买家支付货款后,货款将由买家交易账户划入交易中心账户。交易中心再将货款划入卖家交易账户并锁定。买卖双方同时支付交易服务费。系统自动生成购销合同,该合同为买卖双方交易的法律依据。

⑤买家根据合同生成提单,并设置提单打印密码,针对一个合同可以开具多个提单;也可以由卖家根据合同生成送货单。

⑥买家打印提单,需要输入提单打印密码。

⑦买家凭打印的提单与货主联系提货。

⑧买家提货后进行验货处理(数量、质量等),无异议的,需在交易平台上输入支付密码,进行验货确认。

⑨买家进行验货确认后,交易中心即可开始结算货款。首先,交易中心释放一定比例的货款给卖家(比例可设置),若该合同存在需要退还给买家的货款,则同时退还相应的货款给买家。

⑩卖家收到货款后,即可在线下开具增值税发票给买家。

⑪买家收到发票后须在交易平台上对卖家开具的发票进行验票确认,确认无误后,交易中心即可将卖家剩余的货款解冻。

⑫买家对交易过程进行评分。

⑬交易结束。

(三)实验步骤

1.交易中心角色

功能:添加商铺信息以供交易。

菜单:基础平台—商铺管理。

操作员:交易中心。

会员商铺交易(启动模板)

具体操作步骤见第四章"一、商铺管理实验"。

2.卖家角色

会员商铺交易(卖家操作)

(1)商铺资源挂牌。

功能:发布新的商铺资源信息以供交易。

菜单:塑料交易—我是卖家—资源发布。

操作员:卖家权限操作员。

具体操作步骤:

①在导航菜单中点击"资源发布",系统显示销售发布界面。

②"商铺显示"选择"在企业商铺发布","种类"下拉选择"塑料原料","品名"下拉选择"ABS","牌号"下拉选择"0215A","厂商"下拉选择"吉林石化","用途级别"下拉选择"通用级","质量标准"下拉选择"国标正牌","包装规格"输入"25","销售数量"输入"10","起订量"输入"10","销售单价"输入"11000","是否促销"选择"否","有效期"输入"3","提货方式"选择"自提","交货地"输入"浙江省宁波市镇海区物产物流基地","交货仓库"输入"宁波物产物流基地"。

③信息输入无误后,点击"保存并立即挂牌",系统跳转到销售发布确认界面。

④输入密码,点击"保存并立即挂牌",资源挂牌成功,系统跳转到挂牌成功提示界面。

说明:

①种类、品名、牌号、厂商、用途级别都是通过后台关联起来的信息。

②起订量、挂牌数量必须是包装规格的整数倍。

③点击"保存并立即挂牌"后,挂牌成功的资源会移至已挂牌资源列表。

④选择"保存到未挂牌商品"时,资源并未挂牌成功,只是被保存到了未挂牌资源列表中。

(2)挂牌管理。

①所有销售商品。

功能:显示所有的可挂牌、已挂牌资源信息。

菜单：塑料交易—我是卖家—销售管理—所有销售商品。

操作员：卖家权限操作员。

具体操作步骤：

a. 在列表中显示所有的可挂牌和已挂牌的资源信息，可根据查询条件进行查询。

b. 可挂牌资源有"修改"操作，已挂牌资源有"撤牌"操作。

②未挂牌商品。

功能：显示未挂牌的资源，对未挂牌的资源进行修改、删除操作。

菜单：塑料交易—我是卖家—销售管理—未挂牌商品。

操作员：卖家权限操作员。

具体操作步骤：

a. 在"未挂牌资源"列表中选择要修改的单据，点击修改单据后面的"修改"，系统显示商品信息修改界面。在修改界面中修改商品信息。修改完成后，点击"保存到未挂牌商品"或"保存并立即挂牌"。

b. 在需要删除的商品后，点击"删除"按钮，系统提示"您是否确定删除这条资源？"点击"确定"，系统提示删除成功，该资源信息从列表中消失；选择"取消"，则退出删除操作。如果需要批量删除商品，则需在未挂牌资源列表中选择多条资源信息，在序号后面的复选框中打"√"，点击"批量删除"按钮。

③已挂牌商品。

功能：显示已挂牌资源，对已挂牌资源进行撤牌操作。

菜单：塑料交易—我是卖家—销售管理—已挂牌商品。

操作员：卖家权限操作员。

具体操作步骤：

a. 在列表中显示已成功挂牌的资源信息，可以根据搜索条件进行搜索查询。

b. 撤牌：在需要撤牌的商品后，点击"撤牌"按钮，系统提示"您确定要撤牌该条求购商品信息吗"，点击"确定"，资源撤牌成功；点击"取消"，退出撤牌操作。

c. 批量撤牌：在列表中选择多条需要撤牌的资源信息，在复选框里打"√"，点击"批量撤牌"，系统弹出提示，点击"确定"，成功撤牌。

d. 撤牌成功以后，该资源从已挂牌商品列表中消失。在未挂牌商品列表中可以查看到撤牌的资源信息，可对撤牌后的资源信息进行编辑。

会员商铺交易（买家操作）

会员商铺交易（平台方操作）

第六章 平台资金系统实验

第一节 客户管理实训模块

功能:对会员进行资金平台的权限设置和开户银行设置。

菜单:资金平台—客户管理—资金客户管理。

操作员:交易中心。

具体操作步骤:

(1)对会员进行资金平台的权限分配。选择需要分配权限的会员,点击"权限分配"功能按钮,系统显示会员权限设置界面。

(2)勾选表示授予权限,不勾选表示不授予权限,选择完成后,点击"保存"按钮,系统显示保存权限成功。

(3)将客户资金管理的数据以 Excel 格式导出。

电子金融技术服务

第二节　平台会员充值实训模块

一、充值登记

功能:线下充值信息登记。

菜单:资金中心—我的账户—我要充值。

操作员:买卖双方会员。

具体操作步骤:

(1)点击功能菜单"我要充值",系统显示线下账户充值通知界面。

(2)在界面中输入充值金额,"充入银行"下拉选择"中国银行","充值方式"选择"电汇",点击"提交通知"。

(3)系统显示确认提交提示,点击"确定",系统显示线下充值通知提交成功。

二、线下充值通知受理

功能:对买卖会员提交的线下充值通知进行受理。

菜单:资金中心—转账管理—线下充值通知。

操作员:交易中心。

具体操作步骤:

(1)在列表中显示所有线下充值通知待受理信息。

(2)选择需要受理的线下充值通知,点击"受理",系统显示线下充值通知受理界面。

(3)在受理界面,点击"受理",系统弹出确认提示,点击"确定",系统显示受理线下充值通知成功。

三、线下充值通知凭证审核

功能:对线下充值通知的凭证进行审核。

菜单:资金中心—凭证管理—凭证审核。

操作员:交易中心。

具体操作步骤：

（1）选择需要审核的线下充值通知凭证，点击"审核"，系统显示凭证审核界面。

（2）在审核界面，点击"审核"，系统弹出确认提示，点击"确定"，系统显示审核成功，审核成功后，会员资金账户将增加余额。

四、凭证查询

功能：对凭证进行查询。

菜单：资金中心—凭证管理—凭证查询。

操作员：交易中心。

具体操作步骤：

（1）在列表中显示凭证的信息，单击"查看"，查看对应的单据信息。

（2）将凭证审核的状态以 Excel 格式导出。

金融服务及支付结算服务

第三节　结算账户管理实训模块

一、银行账户余额

功能：对银行账户余额进行查询。

菜单：资金中心—结算账户—银行账户余额。

操作员：交易中心。

具体操作步骤：

（1）在列表中显示银行账户的收入、支出及余额信息。

（2）以 Excel 格式导出。

二、银行历史余额明细

功能：对银行历史余额明细进行查询。

菜单：资金中心—结算账户—银行历史余额查询。

操作员：交易中心。

具体操作步骤：

(1)在列表中根据账务日期范围显示银行的历史余额信息。

(2)以 Excel 格式导出。

三、收款明细表

功能：对收款明细进行查询。

菜单：资金中心—结算账户—收款明细表。

操作员：交易中心。

具体操作步骤：

(1)在列表中根据日期范围显示收款明细信息。

(2)以 Excel 格式导出。

四、付款明细表

功能：对付款明细进行查询。

菜单：资金中心—结算账户—付款明细表。

操作员：交易中心。

具体操作步骤：

(1)在列表中根据日期范围显示付款明细信息。

(2)以 Excel 格式导出。

五、其他收入

功能：对其他收入进行开票。

菜单：资金中心—结算账户—其他收入。

操作员：交易中心。

具体操作步骤：

(1)在列表中显示其他收入的开票信息,点击"开票",对其他收入进行开票。

(2)以 Excel 格式导出。

基础设置操作

第四节　虚拟账户管理实训模块

一、会员账户余额

功能:对会员账户进行冻结。

菜单:资金中心—虚拟账户—会员账户余额。

操作员:交易中心。

具体操作步骤:

(1)在列表中显示会员账户的信息,点击"冻结",冻结对应的单据信息。

(2)以 Excel 格式导出。

二、商城账户余额

功能:对商城子账户进行新增操作和修改操作。

菜单:资金中心—虚拟账户—商城账户余额。

操作员:交易中心。

具体操作步骤:

(1)在列表中显示商城账户余额的信息,新增和修改商城子账户。

(2)以 Excel 格式导出。

三、会员可用日记账

功能:对会员可用日记账余额进行查询。

菜单:资金中心—虚拟账户—会员可用日记账。

操作员:交易中心。

具体操作步骤:

(1)在列表中显示会员可用日记账的信息。

(2)以 Excel 格式导出。

四、历史账户汇总表

功能:对历史账户进行查询。

菜单:资金中心—虚拟账户—历史账户汇总表。

操作员:交易中心。

具体操作步骤:

(1)在列表中显示历史账户的信息。

(2)以 Excel 格式导出。

融资金融服务介绍

参考文献

［1］白晓娟,王静.我国大宗商品电子商务交易模式及发展趋势［J］.中国物流与采购,2014(11):70-71.

［2］王晓东.电子商务中大宗商品流通模式创新［J］.商业经济研究,2019(18):88-90.

［3］庄性华.第三方大宗商品电子商务平台信用管理体系研究［D］.北京:北京邮电大学,2016.

［4］杨松伟.大宗商品电子交易市场跨平台数据共享激励机制研究［D］.南京:东南大学,2022.

［5］周一峰,蒋嶷川,王涛.大宗商品交易市场监管与服务技术研究［J］.中国基础科学,2020,22(3):49-52,62.

［6］郭华山.关于我国大宗商品电子交易市场功能的实证研究［D］.上海:上海社会科学院,2015.

［7］夏佳.大宗商品电子交易市场分析与对策［D］.成都:西南交通大学,2014.

［8］傅忠琴.我国大宗商品电子交易市场监管问题研究［D］.重庆:西南政法大学,2018.

［9］仰炬,孙海鸣.中国战略性大宗商品发展报告:2017［M］.北京:经济管理出版社,2017.